Karsten Massei

Das Wesen des kosmischen Kindes

Karsten Massei

Das Wesen des kosmischen Kindes

Ein Weg zur Stärkung der Individualität

FUTURUM

1. Auflage 2020

Einbandgestaltung: Finken & Bumiller, Stuttgart
Satz: Satz für Satz, Wangen im Allgäu
Druck und Bindung: Buch Theiss GmbH, St. Stefan
Printed in Austria

ISBN 978-3-85636-263-8

Inhalt

Einleitung

Anfangsmoment dieses Buches ist eine unangenehme Erfahrung, nämlich die der Blindheit gegenüber dem eigenen Wesen. Unsere Kenntnisse über uns selbst sind äußerst beschränkt und oberflächlich. Was weiß man schon von seiner wahren Natur? Doch es nützt nichts, sich gegen diese unangenehme Erfahrung zu sträuben, man wird immer wieder, natürlich unfreiwillig, auf sie gestoßen.

Dazu tritt die Einsicht, dass wir unsere göttliche Natur mehr erahnen, als dass wir von ihr wissen. Ebenso ungeschickt und ungeübt sind wir im Umgang mit unseren Schatten und Wunden. Unserem eigenen Wesen gegenüber kann man sich durchaus wie ein Kind, wie ein Anfänger, ein Schüler fühlen. Es liegen noch lange Wege vor uns, bis wir uns selbst ganz begriffen haben.

*

Der Inhalt dieses Buches bewegt sich in dem Spannungsverhältnis zwischen der Individualität des Menschen und dem Wesen des Inneren Kindes. Beide Wesenheiten zeigen sich der unvoreingenommenen inneren Wahrnehmung. Sie sind voller Rätsel. Sie erscheinen vor dem inneren Auge, ohne ihre Bedeutung und Aufgabe mitzuliefern. Ihre Rätselhaftigkeit kann regelrecht bedrücken, ist aber Anlass dafür, gründlicher in sich hineinzulauschen.

Die Individualität und das Innere Kind sind komplexe Wesenheiten. Es ist sinnvoll, sich mit ihnen beiden zu befassen, denn sie stehen zueinander in einem unmittelbaren Zusammenhang. Sie haben viele Gesichter, sind widersprüchlich, weshalb geduldige Forschung nötig ist, ihr Wesen zu verstehen. Beide sind tief mit unserem Schicksal und mit der Erde und dem Kosmos verbunden. Sie sind uns Frage und Rätsel, und doch gehen Kraft, Stärke und Heilung von ihnen aus.

*

Je tiefer die Einsichten in die eigene Natur werden, desto deutlicher treten die eigenen Schwächen, Mängel und seelischen Wunden hervor. Sie lassen sich nicht mehr ignorieren, es wird immer unumgänglicher, ihnen offen und frei zu begegnen. Gerade die Wesenheit des Inneren Kindes und ihre Schwester, das kosmische Kind, wollen die Individualität zu innerer Wahrhaftigkeit erziehen. Sie sind Wesenheiten, die den einzelnen Menschen lehren wollen, sich seiner eigenen göttlichen Wesenheit bewusst zu werden, ohne aber vor den seelischen Verwundungen die Augen zu verschließen. Nur der aufrichtige Umgang mit den Verletzungen der eigenen Seele befähigt die Individualität, zu einem wahren Bild der eigenen Persönlichkeit zu gelangen.

*

Unsere Zeit macht es notwendig, dass der einzelne Mensch lernt, mit seinen Kräften sorgsam umzugehen. Er kommt rasch an seine Grenzen. Wenn eine sensible Seelenkonstitution dazukommt, wie das bei vielen Menschen der Fall ist, besteht umso mehr die Gefahr, sich zu verausgaben. Auf der einen Seite ist die Sensibilität Ursache vielfältiger besonderer Erfahrungen, die den Menschen seelisch und geistig nähren und zu seiner Reifung und Entwicklung beitragen. Andererseits ist Sensibilität oder Empathie oft mit Verletzlichkeit gepaart. Tiefe, ins Wesenhafte der Phänomene dringende Erlebnisse werden oft mit einer großen Verwundbarkeit erkauft, die nicht immer leicht zu handhaben ist.

Es stellen sich in diesem Zusammenhang viele Fragen. Heute gibt es eine große Anzahl von Menschen, die, ob sie wollen oder nicht, mit diesen Fragen zu kämpfen haben. Sie bemühen sich um einen sinnvollen Schutz ihrer Person, der durch ihre starke Empfindsamkeit für das, was um sie herum geschieht, notwendig ist. Im Grunde wird heute jeder Mensch durch die Zeitphänomene zu dieser Schutzgeste genötigt. Dieses Buch möchte als ein Beitrag zum Umgang mit diesen Fragen verstanden werden.

*

An dieser Stelle soll betont werden, dass die Suche nach sich selbst ein viel zu heiliges und bedeutendes Unterfangen ist, als dass man sich dabei auf fremde Autoritäten verlassen dürfte. Das gilt natürlich auch für die hier versammelten Gedanken. Sie erfüllen ihre Aufgabe, wenn sie die Lesenden dazu anregen, einen ganz eigenen und selbstständigen Weg der Selbsterkenntnis zu gehen.

*

Um zu eigenen Erfahrungen zu kommen, muss man freilich bestimmte Wahrnehmungstechniken und Seelenfähigkeiten ausbilden. Neben den üblichen Sinnen gibt es andere, innere Sinne, die Einblicke in die übersinnliche Wirklichkeit des eigenen Wesens erlauben. Die Meditation dient dazu, die Aufmerksamkeit zu wecken, um diese anderen Sinne zu entwickeln und zu schulen. Die Einsichten, zu denen man durch sie gelangt, ermöglichen tiefe Erkenntnisse vom eigenen Wesen. Diese Erkenntnisse sind in jedem Fall an die Individualität des Forschenden gebunden. Das darf nicht verwirren. Man darf nicht meinen, damit die gebotene Objektivität zu verlieren. Man hat sie gewonnen – denn eine Wahrheit kann nur sinnvoll wirksam werden, wenn sie durch das individuelle Wesen eines Menschen hindurchgeht. Ansonsten bleibt sie eine Abstraktion, der ich glauben kann oder nicht. Erst das, was ich selbst erfahren habe, kann meinem Leben sinnvoll dienen.

*

Der dritte Teil des Buches versammelt Meditationen, die dazu anleiten wollen, sich einigen Inhalten des Buches auf eine innere Weise zu nähern. Sie können durchaus die Lektüre begleiten, also praktiziert werden, bevor man sich durch das Buch hindurchgelesen hat.

I LEBENSBEDINGUNGEN DES INNEREN KINDES

1 Wandlungen

Meistenteils träumen wir doch und leben in einem Zustand, der von inneren Bildern, Annahmen, Meinungen und Überzeugungen bestimmt wird. Diesem Zustand sind wir viele Stunden des Tages hingegeben. Durch ihn spielen wir uns vor, über etwas zu verfügen, mit dem wir uns zurechtfinden würden. Dabei ist es wie ein Schwimmen in einem großen Fluss. Aber dieser Zustand hält heute nicht mehr, reicht nicht mehr aus, er erweckt Widerwillen, Wut, Angst, ja Ekel. Man weiß, dass man ihn hinter sich lassen will. Denn er schwächt, er höhlt aus. Aus ihm entstehen Entschlüsse, die einengen, bloßstellen, die in die Irre führen. Man traut sich selber nicht mehr. Man scheut regelrecht davor zurück, tätig zu werden, weil man alles andere als sicher ist, ob das, worauf die eigenen Entscheidungen und Taten gründen, trägt und mit einem übereinstimmt.

*

Wir sind doch noch lange nicht bei uns. Dabei gehen wir schon eine Weile auf vielen Wegen durch viele Länder und Zeiten und versuchen, mit uns identisch zu werden. Doch was haben wir bisher über uns in Erfahrung gebracht? Es scheint doch erst anfänglich, was wir über uns wissen. Zudem verstehen wir noch kaum den Namen, den wir uns selbstverständlich geben. Wer schon kann behaupten, jenes Ich zu kennen, als das er sich nennt? Wer weiß überhaupt, wie er auf diesen Namen kommt? Wo selbst das nicht klar ist, wie kann man denn meinen, wir wären uns nicht das größte Geheimnis? Doch das zu denken fällt schwer, denn es macht unruhig, nervös, unzufrieden. Man käme nämlich aus dem Fragen nicht heraus. Lieber hat man es einfach ruhig. Doch diese Ruhe ist trügerisch und falsch. Wir wissen das. Als wäre alles zum Besten, geht jeder dennoch seiner Wege. Und ist meisterlich im Verdrängen seiner Unwissenheit. Doch sich damit wirklich bis in seine Untergründe abfinden, gelingt wohl niemandem.

*

Dazu kommt, dass wir uns oft seltsam fremd erscheinen. Wir wissen dann gar nicht genau, was eigentlich mit uns ist. Die Zeit steht still, man wartet und weiß nicht worauf, auf irgendetwas, das aber nicht kommen wird, bis man sich selber regt. Aber wie und wohin, auf welches Ziel hin? Und wer bin ich mir überhaupt! Was für ein merkwürdiges, zerrissenes, widersprüchliches Wesen! Entweder vergisst man solche Momente schnell wieder. Oder sie gehen nicht von selbst. Sie bleiben. Dann ist es, als trüge man einen Makel mit sich. Man wird es nicht los und es brütet in einem und treibt sein Unwesen, dem nicht leicht beizukommen ist.

*

Man fühlt dann, wie groß die Arbeit noch ist, die vor einem liegt. Man steht wie an ihrem Rand und schaut in ein Nichts, von dem man das Gefühl hat, dass es viel zu groß für einen ist, aber doch zu einem gehört. Jeder von uns wirft noch sehr lange Schatten. Sie fallen ins Nichts, dort scheinen sie hinzugehören, sie vereinigen sich mit ihm. So geht es mit den Finsternissen der eigenen Seele. Wer wagt schon, sie anzuschauen, ohne sich abzuwenden? Ja, Selbsterkenntnis ist ein mühsames Geschäft, mitunter grausam. Man weicht ihr aus, weil die Scham, die man über sich selbst empfindet, unerträglich wird. Wer verliert schon gerne die Achtung vor sich selbst? Wer erträgt schon die eigenen Schatten? Diesbezüglich sind wir Anfänger.

An bestimmten Punkten des eigenen Lebens vollziehen sich bedeutsame Wendungen, nämlich solche nach innen. Häufig hervorgerufen durch äußere Ereignisse, die sich zu persönlichen Krisen ausweiten. Dann lernen wir im Fallen. Verzweiflung, Angst, Ohnmacht werden zu Erziehern. Die Schatten, denen wir bisher vertraut haben, verlieren ihre Macht über uns. Ahnungen steigen auf, Zeichen werden sichtbar, die verraten, dass wir bislang Wesentliches übersehen haben. Wir sind bestimmten Wegen gefolgt, vielleicht sogar frei gewählt, haben Tätigkeiten ausgeübt, Ideen verwirklicht, von denen sich jetzt herausstellt, dass wir sie unberechtigterweise über uns selbst gestellt haben, über das, was in uns lebt, was wir in uns tragen, als unsere tiefen Daseinswünsche.

Das rächt sich und offenbart sich als Krise – doch langsam, wenn das Schlimmste vorbei ist, erwacht man wieder, nämlich zu neuen Kräften und zu neuen Einsichten. Man fühlt eine ungewohnte Dankbarkeit dafür, dass einem so übel mitgespielt wurde. Sonst hätte sich das Rad, in dem man gefangen saß, einfach weitergedreht. Man wäre weitergerannt, weitergeeilt, weitergestolpert. Neue Sichtweisen erwachen, von denen man in den meisten Fällen schon wusste oder die man wenigstens ahnte, die man aber geflissentlich weggeschoben hat.

*

Krisen sind Wandlungen, Häutungen. Man stellt überrascht fest, dass es neben der Art, wie man bisher auf das Leben geschaut hat, noch andere gibt. Die Krise war notwendig. Sie diente der Erweiterung des Blicks, aber auch der Empfindungen und der Kenntnisse. Man wird sich der Verantwortung bewusst, die man seiner eigenen Entwicklung gegenüber hat. Man hat neben sich hergelebt, sich nicht genug ernst genommen: die eigene Sicht auf die Dinge, die eigenen Bedürfnisse, die eigenen

Gefühle, Gedanken, Wünsche, Sehnsüchte, auch die eigenen Ängste und Befürchtungen. Man hat sich selbst übergangen. Man fühlt, dass die Kraft zugenommen hat, sich und die Umstände, die Aufgaben, die Menschen im rechten Licht zu sehen. Die Krise hilft, immer mehr von sich selbst zu schauen und zu ertragen. Sich anzunehmen.

*

Krisen sind alles andere als neu. Durch viele ist jeder von uns schon gegangen. Wir kennen diese Zustände aus unseren zurückliegenden Leben. Jener Zustand ist immer ein Zeichen, ein Anfang, ein Tor, durch das wir schreiten müssen, um uns näher zu kommen. Immer ist eine Krise der Beginn des Weges nach innen. Es geht gar nicht anders, als dass eine Krise aufrüttelt, sich auf eine andere Weise sich selbst und der Welt zuzuwenden. Ein Licht keimt durch die Krise auf. Ein Licht, das wir gut kennen, das wir schon vor der Krise kannten, aber nicht wahrhaben wollten. Es ist das Licht eines Weges, der nach innen geht. Es ist im Grunde das Licht des mystischen Weges, des Weges der Einweihung in die Geheimnisse des inneren Lebens der Seele und des Daseins.

2 Wege nach innen

So gehen wir und schreiten weiter. In früheren Zeiten wurden Menschen für dieses Weiterschreiten von Priestern oder von Schamanen vorbereitet und begleitet. Sie mussten eine aufwendige und entbehrungsreiche Schulung durchlaufen. Sie wurden durch innere und äußere Krisen von einer Station der Einweihung zur nächsten geführt. Es ging darum, dass sie ihrem geistigen Menschen ähnlicher und ähnlicher und dadurch Glied einer bestimmten Tradition werden, die von ihren Lehrern vertreten und erhalten wurde.

Heute haben diese alten Tempel, diese Einweihungen ihre Berechtigung verloren. Das hat damit zu tun, dass die menschliche Individualität in einer Weise erstarkt, dass sie sich den alten Formen der Einweihung nicht mehr unterwerfen kann. Statt bestimmten Vorschriften oder einem anderen Menschen, hat sie die Aufgabe, zu lernen, sich selbst zu folgen. Wir leben in einer Zeit, in der der Mensch nicht mehr anderen Menschen folgen kann, wie es noch früher der Fall war. Er würde sich sonst verleugnen und letztendlich verneinen. An die Stelle des Gehorsams treten andere Fähigkeiten. Diese bestehen unter anderem darin, auf sich lauschen zu lernen, auf seine innere weisheitsvolle Stimme. Die Weisheit ist nicht länger durch Unterwerfung zu erlangen, sondern vielmehr durch die Hinwendung zu den lebendigen Quellen des eigenen Wesens. Weisheit ist in jedem. Das war schon immer bekannt. Sie zu suchen bedeutet in unserer Zeit, einen ganz eigenen Weg zu gehen. Anregungen, Hilfestellungen und Tipps hört man viele. Sie können sehr dienlich sein. Man braucht sie aber nicht blind annehmen und sich an sie binden. Sie führten sonst an den eigenen Quellen vorbei.

*

In unserer Zeit darf sich der Mensch selbstständig seinem Geheimnis zuwenden. Er darf, was in irgendeiner Weise Macht über ihn ausüben möchte, erkennen und zurückweisen. Dazu gehören alle Ideen, alle Dogmen, alle Denkformen und Denkgewohnheiten. Die eigene Geheimnis- und Weisheitsnatur wird nur in schwachem oder schattigem Licht leuchten können, wenn man meint, die eigene Entwicklung sei an bestimmte Denkmuster, Denkformen, Ideologien oder Weltanschauungen gebunden. Man wird nicht umhinkommen, sie geduldig von sich fernzuhalten, wenn man sich selbst, seine eigene heilige Wesenheit in den geistigen Blick bekommen möchte. Ansonsten droht, dass man sich verliert. Was andere gedacht und für richtig befunden haben, kann nie verbindlich sein. Es kann begeistern, es kann Rat und auch Kraft sein, aber mehr nicht. Es darf nie Teil der eigenen Identität werden. Sonst ersetzen sie, was man nur selbst setzen kann.

Die Aufgabe für den Menschen der heutigen Zeit ist es, das Stehen zu sich selbst zu lernen und zu praktizieren. Diese Arbeit liegt heute vor jedem Menschen. Was er sucht, sind die eigenen Quellen. Diejenigen, die nur seine sind, die er mit niemandem teilen muss, weil sie Ausdruck seines ureigenen Schicksals sind.

*

Aber es liegen doch Schleier vor der eigenen Seele, verschiedene, die den Blick trügen, undurchdringliche Schleier, die es schwer machen, in sich selbst hineinzuschauen. Das wahre Gesicht oder die wahren Gesichter der Seele liegen im Verborgenen. Man fühlt die Masken, durch die sich die Seele sträubt, erkannt zu werden.

Könnte man doch einfach so aufbrechen wie auf eine äußere Reise! Tasche packen, Mantel anziehen, Schlüssel in die Hand nehmen: Und los geht es. Die Seele entzieht sich solchen spontanen Versuchen. Sie macht sich rar. Es entsteht der Eindruck, als stellte sie an denjenigen, der sie erkunden möchte, Bedingungen, die nicht leicht zu erfüllen sind.

*

Von solchen Reisen nach innen, von Wanderungen durch die Reiche der Seele spricht Novalis, wenn er in einem seiner Blütenstaub-Fragmente schreibt:

> *«Wir träumen von Reisen durch das Weltall: ist denn das Weltall nicht in uns? Die Tiefen unseres Geistes kennen wir nicht. – Nach Innen geht der geheimnißvolle Weg. In uns, oder nirgends ist die Ewigkeit mit ihren Welten, die Vergangenheit und Zukunft. Die Außenwelt ist die Schattenwelt, sie wirft ihren Schatten in das Lichtreich. Jetzt scheint es uns freylych innerlich so dunkel, einsam, gestaltlos, aber wie ganz anders wird es uns dünken, wenn diese Verfinsterung vorbey, und der Schattenkörper hinweggerückt ist. Wir werden mehr genießen als je, denn unser Geist hat entbehrt.»* (Nr. 16)

Liest man solche Sätze, denkt man staunend, dass sich doch allerlei in der Seele zuträgt. *«Reisen durch das Weltall»*, denkt man. Was soll man davon halten? Es ist von Licht und Schatten die Rede, mehr allerdings von den Schatten. Welche Begriffe und Erfahrungen hat man selber davon? Was heißt Dunkelheit, was heißt Licht für die Seele? Ja: *«Jetzt scheint es uns freilich innerlich so dunkel, einsam, gestaltlos»*. Das ist wahr. Es scheint dunkel, sehr dunkel, wenn man den inneren Blick auf seine Seele lenkt. Man schaut in ein Reich, in dem sich alles Licht verflüchtigt hat, das man so gut aus der äußeren Welt als das Licht der Sonne kennt. – Aber neben diesen sind noch andere Momente, besondere und seltene. Während dieser Momente spürt man, dass die eigene Seele nicht nur ein Schattenreich ist. Da ist mehr, viel mehr. Da ist, wenn man in sich hineinlauscht, ein Leuchten, ein zartes, zaghaftes, schwer zu beschreibendes Licht. Von dem weiß man zugegebenermaßen nur anfänglich und deshalb recht wenig. Doch man fühlt dieses geheimnisvolle Licht oder Leuchten, das gleichzeitig eine geheimnisvolle Kraft zu sein scheint. Es hält, das ist das Erstaunliche, gegen alle Verfinsterung stand. Es bleibt durch alle Zustände, die man kennt, die man einnehmen kann – es vergeht nicht, sondern leuchtet trotz aller Finsternis. Dennoch ist es nicht leicht zu fixieren. Was man von ihm weiß, ist noch recht unsicher und vage.

3 Ausfahrten der Seele

Im Fall der Seele heißt Erkundung oder Aufbrechen doch: Loslassen. Die Augen schließen und sich aller Alltagsgedanken, aller Erinnerungen, Sorgen, Bedenken entledigen. Einmal unterbrechen, was man sonst so rückhaltlos und unbeschwert und beharrlich tut: sich im Strom seiner eigenen Gedanken treiben lassen. Das ist ja an sich schön und dagegen ist nichts zu sagen. Aber um die Reiche der eigenen Seele zu erforschen, stört dieser Strom.

Schwimmt man in diesem flutenden Gedankenmeer, ohne sich herauslösen zu können, weil seine Kraft drängt und mitreißt und keine Lücken und Pausen gestattet, dann lässt man sich erst einmal ruhig von ihm treiben und fortreißen. – Sich dagegen wehren ist gar nicht immer sinnvoll, besser ist, einfach nachzugeben. Denn: Auch dieser Strom verebbt einmal. Er dreht sich vielleicht noch einige Male im Kreise, kommt aber schließlich zur Ruhe. Gibt man ihm nur kein neues Material mehr, verhungert er. Man fühlt, sobald dieser Strom ruhiger, stiller und schließlich unbedeutend wird, wie man zum Bewohner im eigenen Haus wird. Man kann sich aber auch mit Meditationen helfen, mit kraftvollen Worten oder Sätzen, die man liest und auf sich wirken lässt, bis sie groß geworden sind und in der ganzen Seele erklingen. Das befreit die kleinen, lauten und vorwitzigen Gedanken. Sie können sich in diese großen Worte auflösen, eigentlich Heilung finden. Hilfreich sind hier ebenfalls die Ich-Bin-Worte aus dem Johannes-Evangelium. Sie stärken die Bewusstseinskräfte, was erleichtert, sich der Wahrheit der Seele hinzugeben.

*

Wenn Novalis davon spricht, dass *«der Schattenkörper hinweggerückt ist»,* meint er wohl, dass man sich in die Seele fallen lässt und das Bewusstsein bewahrt. So gelingt es, den geheimen Spuren zu folgen, die sich der Seele auf ihren Wanderungen einzeichnen. Diese führen durch die Sphären der Nacht wie durch die Reiche, die die Seele nach dem Tod betritt. Wir wissen noch viel zu wenig von uns, als dass wir uns enge Vorstellungen über uns machen müssten. Vielleicht sind wir der Funke eines großen Feuers, das wir deshalb nicht sehen, weil wir den Funken schon für alles halten. Gewiss, Mut braucht es, sich groß zu denken. Dieser Mut ist nötig, weil uns die Gewohnheit beigebracht wurde, an das Gegenteil zu glauben, nämlich daran, dass jeder Einzelne unbedeutend sei. Er vergeht, wenn er stirbt, unwiderruflich. Die Erde, wird uns gesagt, sei ein Staubkorn im All. Aber wer kann das wissen? Welche Anmaßung liegt darin! Wenn man sich aufmacht, seinen inneren Menschen zu erkunden, kommt man schließlich an den Punkt, an dem man erlebt, dass diese Ansicht nicht das ganze Wesen, das man ist, beschreibt. Man fühlt eine unbeschreibliche Weite in sich, eine Größe und Erhabenheit, für die es kaum Worte gibt. Deshalb muss man gar nicht vermessen oder überheblich sein. Man fühlt, dass sich das eigene Wesen nicht begrenzen lässt. Man wird auf die geheimnisvollen Spuren aufmerksam, die sich der Seele auf ihren Wanderungen eingeschrieben haben.

*

Die Seele scheint tief und unergründlich wie ein Meer. Es ist ein Wagnis, auszufahren und sich ihm zu überlassen, denn man verlässt sicheren Grund und tauscht ihn gegen etwas, dem nicht leicht ist zu vertrauen. Der eigenen Seele gegenüber vergeht das Gefühl nie, den Gefahren, die sie bereithält, nicht gewachsen zu sein. Man fühlt doch: Nach innen bin ich ohne Ende, voll fremder Gewässer, unbekannter Inseln, wilder Tiere und gefährlicher Abenteuer. Was man von dem inneren Meer kennt, scheint gegen das, was man nicht kennt, unbedeutend. Welten sind doch in einem, von denen man nicht einmal Ahnungen hat. Mich habe ich erst im Anfang. Da ist noch viel mehr, was meinem Bewusstsein unzugänglich ist.

Was wie von ferne an den Strand anbrandet, Welle für Welle, ist doch die geheime Sprache der Götter, ihr Saum. Sie sprechen im Wind, in den Wolken. Darin sind sie. Man lauscht ihrem Summen, Klingen und Donnern. Sie sprechen in den Elementen, im Licht, im Wasser, im Duft, auch im Sturm, im Regen. Aber in mir sprechen sie auch, nur durch einen anderen Schleier, durch den Schleier meiner Seele, durch die Kraft der Aufmerksamkeit, durch das Mitgefühl, die Würde, die Angst, den Neid. Das sind die Spuren und Gesten ihrer hohen Wesen. Das sind die Zeichen, die sie setzen, wenn sie sich im Menschen offenbaren. Wohl wissend reden sie nur so, in Zeichen. Denn sie sind erhaben und wären noch zu stark für uns, fühlten und sähen wir sie ganz.

*

Die Ausfahrt will gut vorbereitet sein. Man muss sich rüsten, denn mit Unruhe, Sorgen, Vorstellungen, die brennen und die man nicht losbekommt, kann die Reise nicht gelingen. Das innere Meer ist wild, es fügt sich nur einem Schiffer, der die Stimmung der Harmonie der Empfindungen und Gedanken in sich erzeugen kann. Nur der inneren Ruhe beugt sich das Meer der Seele, sonst beherrscht es Schiff und Schiffer. Nur zu oft ist der Körper so angespannt, dass die Seele nicht atmen kann. Er bannt und vereinnahmt sie in einem Maße, das ihr nicht erlaubt, ihrer selbst gewahr zu werden. Atemübungen und andere Körperübungen können da sehr hilfreich sein. Auch Imaginationen, durch die man sich an einen ruhigen, angenehmen und schönen Ort versetzt. Dadurch verlieren die Gedanken, die Sorgen, die Erinnerungen, allesamt Nachklänge der äußeren Ereignisse, ihr unnachgiebiges Drängen. Ihr Feuer wird schwächer, ihr Verlangen milder. Mit der Zeit findet jeder seine eigene Technik, um abzuwerfen, was den Schiffer stört, um auszufahren und die Reinheit und Vielfalt des großen inneren Meeres zu entdecken.

Der Weg zum inneren Menschen führt auf jeden Fall durch die Stille. Dafür zu sorgen, dass man diese Stille kennen- und meistern lernt, ist eine wesentliche Aufgabe des modernen Menschen. Er kann nicht ohne sie sein, wenn er schauen möchte, wer er wahrhaft ist.

*

Während dieser Fahrt stößt man auf Bilder, die das Leben gezeichnet und in die Seele hineingelegt hat. Erinnerungen steigen auf, längst vergangene Erlebnisse, jedes einzigartig und unwiederholbar. Sie sind da. Und: Ich bin sie, sie sind Säulen meines inneren Lebens. Oder Geschwister meiner Seele, Freunde, Begleiter.

Sie verändern sich, manche verblassen, andere nehmen an Farbigkeit zu. Bestimmte tauchen immer wieder auf, ungefragt, wie Mahnmale. Andere ersehnt man, wieder andere erwartet man mit Schrecken. Eines muss man ihnen allen zusprechen: Sie sind der Untergrund, das Fundament, auf dem man ruht oder über das man jeden Moment seines Lebens hinwegschreitet. Ohne sie fände man seine Ruhe nicht. An ihnen hangelt sich das Bewusstsein entlang, denn man erlebt sich an ihnen als ein Wesen, das eine Geschichte hat. Indem man die Bilder aufspürt, die in einem sind, forscht man immer auch nach der Sphäre, die das eigene Selbst behütet. Denn sie tragen mich. Sie machen mich mit mir bekannt. Sie verleihen Kraft und Dauer. Und sie sind Zeichen meiner Anwesenheit auf der Erde. An sie kann ich mich halten, wenn ich mich frage, wie ich geworden bin.

*

Nun sammelt man im Laufe des Lebens Vorstellungen über sich an, die hinderlich sein können, weil sie die Suche nach sich selbst stören. Mit ihnen das Meer der eigenen Seele zu bereisen kann leicht in die Irre führen. Ich habe bestimmte Meinungen über mich. Ich meine zu wissen, wer ich bin, was ich kann, was ich nicht kann. Ich stehe in einer ganz bestimmten Art vor mir selbst. Sie darf mich aber nicht beschränken. Ich muss doch immer darum besorgt sein, mich von den Vorstellungen, Urteilen und Meinungen, die ich über mich selbst habe, nicht beherrschen zu lassen. Wir sind eben uns selbst gegenüber sehr kritisch. Damit unterlaufe ich die Spontaneität der Wahrnehmung meiner Person und Individualität. Ich beschränke sie selber. Sie offen und frei zu halten ist aber nötig, um sich zu finden. Ich muss mir doch die Möglichkeit bewahren, mir selbst immer wieder neu begegnen zu können. Was die Spontaneität unterbindet, entfernt mich mir selbst. Zu sich selbst in die unmittelbare Wahrnehmung einzutreten, gehört zum Schwersten, was man sich vornehmen kann. Der Grund liegt darin, dass man sich auf Säulen abstützt, die nahe zur Unwahrheit stehen. Man orientiert sich an Sätzen wie: Ich bin allzu leicht zu beeindrucken. Oder: Ich bin nur mit mir beschäftigt. Oder: Karriere ist mir wichtig. Oder: Ich habe keine eigene Meinung. Ich fühle mich immer schuldig. Solche und andere Sätze sind wahr, wenn man in ihnen Übergänge sieht, unwahr, wenn man erlaubt, dass sie sich zu unwandelbaren Dogmen verfestigen. Spontan und unmittelbar ist die Wahrnehmung des eigenen Wesens, solange man sich zugesteht, ein Werdender zu sein. Denn so sieht man hindurch, durch die Schleier der eigenen Annahmen und Vorstellungen.

4 Das Innere Kind

Nach innen hin, also in den Tiefen der eigenen Seele, wird es dunkler. Das ist aber nur das eine. Es wird eben auch heller. Von dem Dunklen wollen wir später reden, hier aber mit dem Licht beginnen. Als wir als Kind anfingen, lebten wir in einem besonderen Licht, eigentlich in einem großen Traum. Die Dinge und Ereignisse hatten einen Zauber, den das Kind freilich als natürlich nahm, erst dem Erwachsenen scheint an ihnen etwas zu sein, dem sich hinzugeben er nicht mehr wagt. Für das Kind ist alles von flutendem Leben durchdrungen; die Welt spricht, meistens sehr klar. Das Kind leiht ihm einfach die eigene Stimme. Das Kind spricht zu den Bäumen und Tieren, als wären es Personen. Es lebt stets in Gesellschaft. Leicht fällt ihm, alles den eigenen Wünschen unterzuordnen: der Tisch wird zu einem Haus, der Schuh zu einem Boot und die kleine Figur zu ihm selbst, bereit, die tollsten Geschichten zu erleben. Zurückblickend mag dieser Traum irreal wirken. Das ist aber nur deshalb so, weil man ihn nicht mehr so leicht wiederfindet. Im Erleben des Kindes war dieser Traum zauberkräftig, magisch, ein Ort, an dem man den eigenen Lebensfaden ausgesponnen hat, sich in alles hineinfühlt und hineindenkt, um das Leben aller Dinge und Wesen mitzufühlen und mitzuleiden. Das Kind umfasst alles, fühlt sich erhaben und mächtig, was sich nur allzu leicht im späteren Leben verliert.

Das Kind spielt, tagelang, und denkt nicht ans Aufhören. Dadurch verleibt es sich die äußere Welt ein und macht sie sich gefügig. Die Gabe zu spielen und zu verwandeln hat es mitgebracht. Auch seine innere Welt, die es behutsam entfaltet, indem es spielt. Spielen ist ein Glück. Spielend erobert das Kind die Welt und sich selbst.

Die Pubertät setzt diesem Traum ein Ende, aber nur ein vorläufiges, denn wenn man möchte, kann man ihn weiterträumen. Auch wenn man aus ihm herausgerissen wurde und nur wenige Erinnerungen zu ihm zurückreichen, muss man nicht meinen, er sei für alle Zeiten verloren. Im Grunde kann er nie zu Ende gehen. Aber wir müssen lernen, ihn wieder zu träumen: bewusst. Die kindliche Seele trägt das Glück seines Daseins noch unverdorben, unverbraucht, unverletzt in sich. Wir sind weitergeschritten. Wir haben Wunden erhalten. Uns ist das Spielen ausgetrieben worden. Aber das heißt nicht, dass wir es uns nicht wieder zurückerobern können. Es heißt nicht, dass es uns nicht wieder überkommt.

*

Dieses Kind lebt noch. Allerdings im Verborgenen. In der Stille der Seele. Man kann ihm aber begegnen. Man muss es sich nur wünschen. Es ist leichter, als man vielleicht glaubt. Denn eigentlich wartet es darauf, dass man es sucht. Man kann ihm sein Ohr leihen, ihm zuhören. Man kann es fragen. Man kann es fragen, wie es ihm geht oder was es einem sagen möchte. Bringt man die nötige Ruhe und Geduld auf, beginnt es zu reden. Zuerst sehr leise, beinahe unhörbar. Wenn es aber merkt, dass ihm zugehört wird, fällt die Scheu von ihm ab. Dann strahlt es einen an, beginnt zu erzählen, vielleicht zuerst von lustigen Erlebnissen, aber bald redet es auch von anderen, von wichtigeren, bedeutenden Dingen. Nämlich davon, was ihm am wichtigsten ist.

Ja, das Innere Kind redet davon, was Spielen heißt. Durchs Spielen lernt man, dass nichts unbedeutend ist. Alles ist voller wichtiger Zeichen. Wir müssen nur aufmerksam genug sein. Aber, das ist die zweite Lektion: man kann auch nichts versäumen. Man kann auch nicht falsch sein, Fehler sind ein Unding, eigentlich eine Täuschung. Denn man ist, wenn man spielt, nicht mehr und nicht weniger. Vom Inneren Kind kann man lernen, die Dinge des Lebens anders zu berühren, anzufassen und zu betrachten. Sich aber auch anders von ihnen berühren zu lassen.

Es sagt aber noch mehr, noch ernstere Dinge. Es sagt, dass wir sehr langsam für die Bedeutung, die die Erde hat, erwachen. Wir stehen erst am Anfang. Das wahre Gewicht der Erde leuchtet erst zaghaft auf. Wir haben den Blick noch nicht, die Erde in ihrer vollen Bedeutung zu sehen. Und es sagt noch mehr, es sagt, dass es sich sehr behütet fühlt, und zwar vom Wesen der Erde. Es ist sein Geschick, von der Erde behütet zu werden. Das Kind ist in guten Händen, in den Händen der Mutter Erde. Ja, die Erde hütet die kindliche, die jungfräuliche Seele des Menschen. Sie ist in einem Leib, in dem ihr nichts geschehen kann.

*

Solche und andere Beobachtungen stellen sich ein, wenn man sich seinem Seelenmeer überlässt. Es leben Wesen darinnen, von denen man erst weiß, wenn man ihnen begegnet. Mit der Zeit zeigt sich, dass das Innere Kind Botschafter einer anderen, größeren Wesenheit ist, nämlich der Wesenheit der Erde. Es spricht von dieser Wesenheit wie von seiner eigenen Mutter. Die Fahrten durch die eigene Seele führen immer auch dazu, Eindrücke, Erlebnisse und Einsichten vom mütterlichen Wesen der Erde zu erhalten. Das Innere Kind liegt in ihrem Schoß, es wird von ihr gehütet.

Wir können, wenn wir wollen, durch die Gefilde unserer Seele wandern und so zu tiefen Eindrücken von der Wesenheit der Erde kommen. Wir fühlen dann, dass die Erde die Mutter unserer Seele ist. Es mag noch andere geben, sie ist auf jeden Fall eine von ihnen. Sie trägt uns aus. Das heißt aber, dass wir, von ihr beschützt, langsam Schritt für Schritt ohne jeden Druck wachsen können. Sie ruft uns zu, die wir doch unentwegt weiter und weiter wollen und immer meinen, zu wenig zu haben, zu wenig zu sein, und die wir immer mehr haben wollen: Du hast genau das, was du brauchst. Es fehlt dir an nichts, dir fehlt nur die Aufmerksamkeit für das, was schon da ist. Sie fordert einen nicht auf, etwas anderes zu sein als das, was man wirklich ist. Vor ihr muss man eigentlich gar nichts sein, man ist es schon. Man weiß aber auch, dass man sich noch gar nicht kennt. Die verschlungenen Wege, die zeigen, wer man ist, ist man noch nicht bis ans Ende gegangen.

*

Auf den Gängen durch die Urmuttergefilde der eigenen Seele kann sich eine weitere Erkenntnis einstellen. Man schaut, dass die Erde die Menschenwesenheit empfängt, noch bevor diese von der leiblichen Mutter empfangen wird. Zuerst öffnet sich der Muttermund der Erde, ihr geistiger Organismus, und nimmt die Seele des Menschen, der auf der Erde geboren werden soll, auf. Dann erst kann sie von der Mutter, die sie leiblich austrägt, empfangen werden. Das noch spielende Kind scheint das noch zu wissen. Es spielt mit der Erde, mit den Elementen, dem Wasser, den Blüten, den Steinen, aber auch mit dem Licht, den Schatten, den Tieren, mit Tag und Nacht und mit den Sternen wie mit Geschwistern. Spielend trägt es den Nachklang der großen Empfängnis noch in sich.

*

Daran knüpft sich an, dass man fühlt, wie die Erde mit der Seele des Menschen spricht. Ja, sie spricht unentwegt mit ihr. Dabei macht die Erde die Seele auf das Wesentliche, auf das Unverzichtbare aufmerksam, auf alles, was allzu leicht in Vergessenheit gerät. Ja, sie redet leise, ihre Zeichen und Botschaften erscheinen oft unvermittelt, oft auch unscheinbar und rätselhaft. Denn die Erde empfängt nicht nur die Seele des Menschen, die Erde lebt auch zeitlebens in ihr. Es sind die feinen Nuancen, die leichten Bewegungen, die zarten Wahrnehmungen, mit denen sie auf sich aufmerksam macht. Sie hat dazu die Gewalt und Kraft, die ihr eigen sind, abgelegt. Sie spricht beinahe unhörbar, ansonsten wäre, was sie sagt, für das Bewusstsein des Menschen zu stark und übermächtig. Um ihre Botschaften zu vernehmen, ist es notwendig, die Art, wie sie mit uns redet, zu kennen. Wir müssen uns schon auf sie einstellen, auf ihre zarten Mitteilungen, wenn wir von ihr lernen möchten.

*

Das Wesen des Inneren Kindes ist sehr geheimnisvoll. Ihm zu begegnen ist aber ein Ereignis, das man nicht so schnell vergisst. Denn man steht einem Wesen gegenüber, das man sehr wohl ist, das fühlt man genau, das aber dennoch über das hinausragt, was man von sich bisher begriffen, verstanden und wahrgenommen hat. Dass es mit dem Wesen der Erde verbunden ist, ist nur das eine. Es ist auch mit der eigenen Individualität verbunden, und zwar mit dem Anteil, der sich noch der eigenen Wahrnehmung entzieht. Man ist als ein individuelles Wesen, man kann auch sagen: als ein göttliches Wesen, mehr, als man jetzt schon begreifen kann. Wir sind uns noch auf der Spur. Wir kennen nur einen Teil unseres Wesens. Vom Inneren Kind kommt die Anregung, diesen Teil auf keinen Fall für die ganze Individualität zu halten. Man schneidet sich sonst gewissermaßen das beste Stück, das man hat, weg. Der Wesenheit des Inneren Kindes ist ein Blick auf die ganze, die vollständige Wesenheit des Menschen eigen, der uns noch schwerfällt. Wir sind dazu zu sehr an das gebunden, was wir die sinnliche Welt nennen. Die Wesenheit des Inneren Kindes ist von dieser Einengung frei. Es kann seinen Blick in die göttlichen wie in die irdischen Welten lenken, ohne von einer vereinnahmt zu werden.

5 Die Welt der Götter und das Eigene

Das Wesen des Inneren Kindes steht in unserer Zeit bestimmten Lebensbedingungen gegenüber, die in den nächsten Kapiteln charakterisiert werden sollen.

Seit Urzeiten herrschen die Götter auf der Erde, schon die Perser, die Ägypter, die Griechen und Kelten haben sie verehrt, angebetet und die Ordnung, nach der sie lebten, von ihnen übernommen. Die Überzeugung, sie hätten sich das Dasein dieser Wesenheiten bloß eingebildet, ist eine Überheblichkeit neuerer Zeit. Sie entspringt einer Haltung und Überzeugung, die die übersinnlichen Welten als Irrtum irrationaler Fantastik entlarven möchte. Sie beruht auf einem Verstand, der die Fähigkeit des Menschen ignoriert, in den geistigen Welten konkret wahrnehmen zu können. Nun hat es aber zu allen Zeiten Menschen gegeben, die bezeugen konnten, dass sie diese Fähigkeit besaßen. Das ist heute nicht anders. Man kann sogar davon reden, dass geistige Erlebnisse in unserer Zeit nichts Ungewöhnliches sind. Es gibt viele Zeugen. Begegnungen mit der göttlichen Welt sind nichts Exklusives, das nur bestimmten Gruppen oder Persönlichkeiten vorbehalten wäre. Solche Begegnungen sind Teil des Alltags vieler Menschen.

*

Wir sehen, dass der einzelne Mensch heute in der Lage ist, aus eigenen unmittelbaren Erfahrungen an der Schwelle zur geistigen Welt zu wesentlichen und wahren Erkenntnissen zu kommen. Er kann sich über den Sinn des Schlafes oder den Sinn des Todes aufklären. Viele Menschen verfügen über Fähigkeiten, die ihnen erlauben, aus eigenen Mitteln sich solche Erkenntnisse zu erwerben. Dabei folgen sie nicht den üblichen Weltanschauungen und Religionen, sondern lernen die eigenen Wahrnehmungsfähigkeiten kennen und ihnen zu vertrauen. Dazu gibt es eine Anzahl verschiedener meditativer Methoden. Sie tragen dazu bei, durch die Geste der Versenkung, Antworten auf die brennenden Fragen zu erhalten. Man ist längst nicht mehr nur darauf angewiesen, andere Menschen, Anschauungen oder Dogmen zu befragen. Man kann sich zutrauen, Antworten zu finden, ohne sich auf andere oder anderes verlassen zu müssen. Diese Geste der Selbstermächtigung ist ein bedeutendes Charaktermerkmal unserer Zeit.

Die Götter sind also mitnichten verschwunden, denn sie sind im Grunde ohne Alter. Die Menschen finden nur neue Wege, ihnen nahe zu kommen. Die Erfahrung zeigt, dass es ein Gerücht ist, dass das «Drüben» unzugänglich wäre. Es ist unter uns, und sogar, auch wenn das eine erschreckende Vorstellung sein mag, in uns, nämlich, was es schon immer war, als ein Teil unserer Wesenheit.

*

Die Begegnung mit der Welt der Götter, mit der göttlichen, der geistigen Welt trotzt allen Beschreibungen, die sich in der Literatur finden, und allen Vorstellungen, die man sich von ihr macht. Sie vollzieht sich schleichend, über Jahre, über viele Jahre und Leben. Das meiste an ihr ist unerwartet. Es kann zu plötzlichen und sehr heftigen Erfahrungen kommen, zu Schauungen, Visionen, die befremden, deren Sinn sich erst mit der Zeit offenbart. Ja, die Schauungen liefern den Sinn nicht immer mit. Da heißt es oft warten, immer gut bei sich bleiben und ruhig weitergehen.

Oft fehlt anfänglich das Verständnis für das, was man in der übersinnlichen Welt wahrnimmt. Man weiß nicht so genau, wie man deuten soll, was sich einem zeigt. Erst mit der Zeit offenbaren sich die Quellen, aus denen man schöpft, und die Wesen, mit denen man verkehrt. Die Worte und Begriffe fehlen vorerst, die einem diese neue Welt erklären würden. Die man kennt, fühlen sich gegenüber den Erlebnissen, die man hat, fad und schal an. Das verunsichert, führt zu vielen Fragen und zu unangenehmen Zweifeln. Erst nachträglich, wenn sich mehr Erfahrungen ansammeln, lichtet sich das Dunkel.

*

Dass man vorerst irritiert ist, hat auch sein Gutes. Denn der Weg, den man geht, gehört nur einem selbst. Da ist kein anderer unterwegs. Da ist man auf sich selbst gestellt. Es mag eine befremdliche Vorstellung sein, dass bei den vielen Menschen, die es gibt, jeder einen eigenen Weg in die geistige Welt haben soll. Aber es erweist sich mit der Zeit, dass es so ist. Man fühlt sich wie der Mann vom Lande in der Parabel *«Vor dem Gesetz»* von Franz Kafka. Der Mann vom Lande wartet viele Jahre seines Lebens vor einem Tor, das von einem Türhüter bewacht wird, der ihn daran hindert, einzutreten. Erst kurz vor seinem Tod fragt der Mann den Türhüter, wieso es käme, dass in den vielen Jahren niemand außer ihm Einlass verlangt habe.

> *«Der Türhüter erkennt, dass der Mann schon an seinem Ende ist, und um sein vergehendes Gehör noch zu erreichen, brüllt er ihn an: Hier konnte niemand sonst Einlass erhalten, denn dieser Eingang war nur für dich bestimmt. Ich gehe jetzt und schließe ihn.»*

Das ist makaber irgendwie, trostlos. Aber die Einsicht, die die Erzählung vermittelt, stimmt: Ich habe meinen ganz eigenen Weg, der von niemandem gepfadet werden kann, weil nur ich ihn gehe. Nur ich bin zugelassen. Ja, nur ich bin an meiner Stelle. Da ist kein anderer. Wo ich stehe, stehe nur ich.

Niemand kann an die Stelle eines anderen treten. Das Gefühl, das von dieser Einsicht ausgeht, ist noch fremd. Man traut sich noch nicht zu, ihm ganz zu folgen. Man wird sich dadurch bewusst, was den einen Menschen vom anderen trennt. Ich bin nicht der Andere, er ist nicht ich. Er kann aber auch nicht ich sein. Jeder steht viel zu sehr nur für sich. Man kann sich vorstellen, einmal in die Haut eines anderen zu schlüpfen, versuchsweise. Seinen Körper, seine Stimme, sein Leben anzunehmen. Ja, man kann es sich vorstellen, aber dadurch wird nur deutlicher, was uns voneinander trennt. Das andere Ich, sein Anderes ist nicht zu überwinden. Jeder ist ein ganz eigenes Wesen.

*

Angesichts der Schwelle zur göttlichen Welt tauchen solche Erlebnisse auf. Mit dem Eigenen wird deutlich, wie fremd der Andere ist, wie fremd man aber auch ihm ist. Es ist ein Abgrund, der zunächst unüberwindbar erscheint. Die Fremdheit des anderen Menschen kann sogar bedrückend werden. Das führt aber dazu, sich der geistigen Welt behutsam zu nähern. Denn mit dem neuen Abgrund muss man erst lernen umzugehen.

Einsamkeit lauert an der Schwelle zur geistigen Welt, sie gehört zur Schwelle. Der eigene Weg reißt einen Abgrund auf, den man sich erst mit der Zeit zugesteht. Mit anderen Menschen fühlt man sich immer mehr als Einsame verbunden. Ihr Wesen scheint sich zu verändern dadurch, dass ich zu mir in ein anderes Verhältnis eintrete.

Aber das muss nicht so bleiben. Es sind nur die Formen der neuen Gemeinsamkeit noch nicht aufgegangen. Sie brauchen Zeit. Inzwischen kann es zu Zuständen tiefer Einsamkeit kommen. Aber in ihnen ist ein Licht. Man fühlt es, wenn man es mit der Wahrnehmung genau nimmt. Es ist da ein Keim einer neuen Gemeinsamkeit.

*

Man kann sich fragen, wer nur den Glauben in mich eingeprägt hat, fremden Autoritäten zu vertrauen, wenn es um die Grundfragen des Daseins, des Lebens, des Schicksals geht? Es ist ernüchternd, die Fesseln in sich zu spüren, die von diesem Glauben ausgehen. Er sorgt dafür, dass ich mir die Ansicht verbiete, dass meine Fragen schon Hinweise sind auf Antworten, die im Grunde schon da sind. Denn man kann einmal annehmen, dass die Antworten schon vor den Fragen da sind. Die Antworten sind es, die uns zu unseren Fragen veranlassen. Die Fragen machen uns auf die Antworten aufmerksam, die längst da sind und in uns wie Keime ruhen, die aufgehen wollen. Ich lebe meinen Antworten entgegen, sie sind in mir, ich werde sie im Äußeren nicht finden.

Hinzu kommt, dass mich doch nichts in der Welt dazu zwingen kann, gegen eine andere Ansicht Stellung zu beziehen. Ich kann anhören und verstehen, was ein Anderer denkt, meint, vermutet, urteilt und verkündet. Ich muss aber nichts erwidern. Ich muss mich in keiner Weise herausgefordert fühlen, ich muss nicht einmal urteilen. Ich kann erst einmal wahrnehmen, was mit dem, was ich gehört und aufgenommen habe, geschieht. Was ich höre, geht ja seinen Weg. Es taucht in mich unter, bewegt sich, bewegt mich. Ich kann das beobachten. Und was ich da beobachte, wird mir genug sagen. Wenn ich über eine fremde Meinung in Zorn oder Wut gerate oder über sie in Begeisterung und Jubel ausbreche, befinde ich mich noch in einem Stadium der Abhängigkeit. Ich begebe mich in die Gewalt fremder Einschätzungen, Meinungen und Urteile.

In Kafkas Türhüterlegende lässt sich der Mann vom Lande vom Türhüter einschüchtern. Er vertraut dessen Worten:

> *«Wenn es dich so lockt, versuche es doch, trotz meines Verbotes hineinzugehn. Merke aber: Ich bin mächtig. Und ich bin nur der unterste Türhüter. Von Saal zu Saal stehn aber Türhüter, einer mächtiger als der andere. Schon den Anblick des dritten kann nicht einmal ich mehr ertragen.»*

So bleibt er, wo er ist, vor dem Tor. Der Türhüter macht solchen Eindruck auf ihn, dass er sein ganzes Leben darauf wartet, von ihm Einlass gewährt zu bekommen. Der Mann vom Lande glaubt nicht an sich. Er scheint diese Kategorie gar nicht zu kennen. Er kennt nur den äußeren Weg, den inneren ahnt er nur, sonst würde er nicht dort warten, wo er bis an sein Lebensende wartet. Davon, für diese Ahnung einzustehen, zeigt er aber keine Spur.

Der Mann vom Lande scheitert. Aber warum? Auf diese Frage gibt es viele Antworten, vielleicht so viele wie Leser dieser Parabel. Er scheitert, weil er sich nicht traut oder weil er gehorsam ist oder weil er nicht an sich glaubt. Er scheitert aber noch aus einem anderen Grund: Weil er die Begegnung, die sich ihm bietet, nicht ausschöpft. Er kommt gar nicht auf die Idee, dass sie es wert ist, ausgeschöpft zu werden. Er fühlt sich nicht dazu getrieben, sie auszuschöpfen oder ihr gerecht zu werden. Im Grunde verhält er sich wie ein Tor, unsicher und naiv. Er vertraut und glaubt dem, was sich ihm zeigt, ohne es in seiner Zeichenhaftigkeit ernst zu nehmen. Er nimmt sich im Grunde, was ihm gehört, selber weg.

6 Die Wehen einer alten Zeit

Vieles von dem, was heute im öffentlichen Leben so bedrohlich und fiebrig daherkommt und so angestrengt versucht, Eindruck zu schinden, ist doch nichts anderes als die Wehen einer alten Welt. Denn die Zeichen der Zeit so zu lesen, als sei Kampf noch ein Mittel, bedeutet, die Zeichen falsch zu lesen. Die herrschenden Ideologien und Weltanschauungen haben sich längst darin erschöpft, sich gegenseitig zu bekämpfen und zu vernichten. Viel Kraft und Aufmerksamkeit ist bis heute darauf verwendet worden, die Differenzen zwischen verschiedenen Gruppen, Völkern und Religionen hervorzuheben. Menschen haben, was nur tief beschämen kann, gegen andere Menschen Zerstörungskräfte entwickelt. Immer deutlicher wird, wie Ignoranz, Hass, Rache und Zerstörungswut keine Zeichen von Stärke sind, sondern Ausdruck von Schwäche. Sie sind Zugeständnisse einer Schwäche, der es erlaubt scheint, Gewalt und Zerstörung als legitime Mittel im sozialen Leben der Menschen anzuerkennen und anzuwenden. Sie weist aber auf Mängel hin, die nicht länger Quellen unseres Tuns sein dürfen. Sie ist Zeichen der Unfähigkeit, die Würde und Unberührtheit anderer Menschen wahrzunehmen und anzuerkennen.

Es geht nicht mehr um die Unterschiede zwischen den verschiedenen Religionen, Weltanschauungen, Lebensweisen und Meinungen, sondern um ihre Gemeinsamkeiten. Die Neigung, sich in den Unterschieden zu erschöpfen, ist Ausdruck einer Verkrampfung, eines Mangels und einer Schwäche, die dazu zwingen, sich über einen Widersacher oder Feind zu definieren, indem man sich über diesen erhebt, ihn bekämpft und vernichtet. Ob als Gruppe oder als einzelne Person – wenn man noch Gegner und Feinde braucht, um das eigene Bild und Selbstverständnis zu stärken, zeigt das schlicht einen Mangel an Reife, Eigenständigkeit und Unabhängigkeit.

*

Wir kennen, zu kritisieren und kritisiert zu werden, zur Genüge. Wir wissen, wie es sich anfühlt, beschämt, verdammt und verflucht zu werden, aber auch zu beschämen, zu verdammen und zu verfluchen. Auch gekämpft haben wir, verletzt, getötet und gemordet. Wir können doch endlich den Schritt machen, all das hinter uns zu lassen. Wir können beschließen, dass das ein Ende haben soll. Diese Erfahrungen zu wiederholen ist vollständig unnötig. Ja, sie kehren sich immer stärker gegen den, der sich von ihnen nicht lösen kann. Einen anderen Menschen mutwillig zu verletzen hat für den, der es tut, immer schlimmere Folgen. Unsere Seele verträgt es nicht mehr, zu verletzen. Das hat damit zu tun, dass uns die Verantwortung für unsere Taten immer mehr übergeben wird. Uns wird zugestanden, uns selbst gegenüber immer mehr in der Verantwortung zu stehen. Die Götter erachten uns als würdig, unsere Verantwortung immer mehr wahrzunehmen.

Der Entschluss, sich aller Machtausübung und Gewalt zu enthalten, die Geste der Entgegnung, der Kritik und des Kampfes verwandeln zu wollen, ist ein wesentlicher Schritt. Es ist eine innere Tat, eine Tat des inneren Menschen. Sie ist heute sehr nötig. Wir sollten darüber miteinander ins Gespräch kommen. Gerade für das soziale Leben ist es wichtig, sich gemeinsam über die Spielarten der Macht, denen wir noch folgen und die wir noch anwenden, Klarheit zu verschaffen. Nur daraus kann der gemeinsame Entschluss reifen, sich von ihnen zu lösen.

*

Wir sahen, dass der Andere an Fremdheit zunimmt. Ein Abgrund trennt die Menschen. Der individuelle Mensch ist immer mehr auf sich selbst gestellt. Er muss sich immer weniger von außen tragen lassen. Überzeugungen, Ideologien und Ideen, die bisher feste Fundamente waren, verlieren deshalb ihre Berechtigung. Ihre Neigung, sich über die Bedürfnisse, die Erfahrungen und den Weg des Einzelnen hinwegzusetzen, wird immer unerträglicher. Sie negieren den individuellen Menschen in einer Weise, dass dieser ihnen nicht mehr anhängen kann. Sie vermitteln Lebens- und Denkformen, die er verstehen kann, denen er sich aber nicht unterordnen muss. Sonst vereinnahmten sie ihn auf eine Weise, die seine eigene Individualität nur verschleiern und ihm rauben würde. Sie legen sich vor seine eigene göttliche und heilige Wesenheit wie ein Vorhang, der das Licht, das von ihr ausgeht, in Schatten hüllt.

Es ist interessant, den Auseinandersetzungen zu folgen, die zwischen den Religionen und Weltanschauungen bis heute geführt werden. Aber: Sie berühren das Innerste des Menschen nicht mehr, denn sie orientieren sich an etwas, das längst antiquiert ist. Sie wirken für den heutigen Zuschauer leer und angestrengt, weil es Scheinkämpfe sind. Es geht nicht mehr um Substanz, um Wesentliches. Das wäre aber der Mensch selbst, seine ureigene Individualität. Sie keimt in einer Weise, neben der die äußeren Auseinandersetzungen und Kämpfe nur schal erscheinen können.

Es geht nicht mehr darum, dass sich die unterschiedlichen Religionen und Weltanschauungen bekämpfen, sondern darum, dass sie beginnen, sich zu vereinigen. Und zwar aus der Kraft, die im einzelnen Menschen lebt. Es geht darum, das Verbindende aufzusuchen, dasjenige, durch das sich die einzelnen Menschen in der Geste der Versöhnung einander zuneigen.

*

Es taucht nun die Frage auf, was an die leere Stelle tritt, die bisher von den Auseinandersetzungen der verschiedenen Menschengruppen, Völker und Religionen besetzt worden ist. Fühlt man sich in diese Frage ein, so lässt sich wahrnehmen, dass an die Stelle des Zusammenhangs von Menschengruppen die Wesenheit der menschlichen Individualität tritt. Die Bedeutung des anderen Menschen erscheint vor dem inneren Auge als eine wesentliche zukünftige Kategorie.

Der einzelne Mensch ist immer Angehöriger verschiedener Gruppen, die jeweils ihren Beitrag an die individuelle Identität stiften. Er hat ein Geschlecht, ist Teil einer Familie, eines Dorfes, einer Stadt, einer sozialen Schicht, einer politischen Gruppe, eines Volkes, seiner Zeit. Diese Faktoren werden für die Individualität, die sich selbst als eine einzigartige Wesenheit bewusst wird, immer weniger bestimmend. Das heißt nicht, dass sie unwichtig wären, sie bilden das Lebensumfeld, in dem sie sich bewegt und wirksam ist. Sie dienen ihr aber nicht mehr dazu, sie selbst zu werden. Sie werden in der heutigen Zeit in ihrer Art abstrakt und wesenlos, sodass es immer unmöglicher wird, sich im Sinne der Identitätsbildung an sie zu binden. Wer aber immer deutlicher hervortritt, ist der andere Mensch, sein Wesen, seine Geheimnisse und seine Beziehungen. Das Licht des Gruppenmenschen verlischt, während das Licht der individuellen Menschen immer stärker zu leuchten beginnt.

*

Was uns bisher beschäftigt hat, weist darauf hin, dass es darum geht, eine besondere Kunst zu üben, nämlich die Kunst der Begegnung. Ansonsten bleibt man viel zu sehr nur bei sich, schaut nur, was man schon kennt, und beurteilt nach Maßstäben, die man mitbringt. Wir sind in dieser Kunst noch Neulinge. Aber man kann gut spüren, dass wir, wenn wir uns in dieser Kunst nicht üben, die Erde nicht nachlassen werden zu verletzen. Unsere Seelen werden die Reiche der hohen Götter und Wesenheiten nicht erkennen. Wir werden den anderen Menschen nie aus seiner eigenen Wahrheit heraus verstehen können. Begegnen heißt immer auch Ausschöpfen: die Gelegenheit, die Gaben des anderen Wesens, seine Weisheit und Erfahrung und Heilkraft. Begegnen ist soziale Kunst. Sie ist die Voraussetzung dafür, fremde Welten, andere Menschen, aber letztendlich auch sich selbst, das eigene wahre Wesen erkennen zu können. Die soziale Kunst ist die Urkunst, der Keim, aus dem alles andere erwächst. Ihr wollen wir uns nun zuwenden.

7 Die Geheimnisse des anderen Menschen

Sich den Geheimnissen eines anderen Menschen zuzuwenden bedeutet für jeden, der es tut, eine erstaunliche Erfahrung. Denn er begegnet einer einmaligen Welt, einem ganz eigenen Land. In jedem Menschen ist ein unverwechselbares Eigenes, das sich nur in ihm findet. Jeder Mensch ist nur der, der er ist, und kein anderer.

Zudem besteht jeder Mensch aus Schichten, die von der äußeren wahrnehmbaren zu immer weiter innen liegenden unsichtbaren führen. Die äußere Schicht enthält immer Hinweise auf die nächstinnere. Das gibt die Möglichkeit, den Menschen zu lesen, zu verstehen. Er zeigt sich in Bildern, die unmittelbar wahrnehmbar sind, in denen sich die Wirkungen innerer, verborgener Welten offenbaren. Die inneren Welten eines Menschen offenbaren sich in den wahrnehmbaren Bildern seines äußeren Lebens. Ich schaue ihn, wenn ich dieses äußere Leben, seine Biografie und dessen Ereignisse betrachte. Das heißt aber: Ich muss mir einen bestimmten Sinn aneignen, um in den äußeren Zeichen, in der Biografie, im Verhalten eines Menschen, seinen Gesten, seiner Erscheinung und Körperlichkeit Hinweise auf die verborgenen Welten seines Wesens zu finden. In der Zeichenschrift des Lebens eines anderen Menschen lesen zu können, ist eine Grundfähigkeit der sozialen Kunst.

Diese verborgenen Welten muss man erwarten können. Sie haben eigene Gesetze. Sie offenbaren sich auf ihre Weise. Man darf nicht einmal erwarten, dass sie einem offenbar werden; das wäre vermessen. Man kann sich aber vorbereiten, sie zu empfangen. Das Verborgene erwarten können ist das Wesen der Kunst der Begegnung. Denn: Jeder Menschenindividualität, im Grunde jedem Wesen, auch Pflanzen und Tieren, steht es zu, sich in der ihnen gemäßen Weise offenbaren zu dürfen.

*

Das Lesen des anderen Menschen ist eine Art Träumen. Ein Träumen allerdings, während dem man nicht einschläft, sondern sein waches Bewusstsein bewahrt und noch verstärkt. Man träumt in die Zeichensprache eines anderen Menschen hinein. Ohne jedes Urteil. Man lauscht, erfühlt, lässt sich fallen. Den Eindrücken, Empfindungen, Erfahrungen, die man vom anderen Menschen empfängt, gesteht man zu, sich in ihrer Art in der eigenen Seele auszuleben und fortzupflanzen. Den Blick, den man empfängt, die Stimme, die man hört, die Geste, die man beobachtet, das Auftreten, den Händedruck, die Lebensgeschichte lässt man frei in die eigene Seele fallen und sich dort ausbreiten, so wie sich die Wellen um den Ort ausbreiten, an dem ein Stein in einen ruhigen See gefallen ist. Der See nimmt die Wellen mit der Zeit in sich auf. Er vereint sich mit ihnen. So vereinen sich die Zeichen des Menschen mit der eigenen Seele.

Man darf nun nicht ungeduldig werden und den Zeichen Gewalt antun, indem man sie einer äußerlichen Deutung unterzieht. Sie dürfen sich mitteilen, ohne einer Deutung unterzogen zu werden. Ansonsten können sie ihr Leben nicht entfalten. Es ist sinnvoll, ihnen ihre eigenen Rhythmen zuzugestehen.

Ohne Urteil und Vorgriff schaut man den Zeichen, die in die Seele gesunken sind, nach. Denn sie hinterlassen Spuren, wenn sie in die Seele fallen, Lichtspuren, heilige Nachklänge. Diesen Spuren, die sich in Klängen, Bildern, Empfindungen und gedanklichen Einsichten kundtun können, kann man aufmerksam folgen. Denn jedes Fallen ruft einen aufsteigenden Strom hervor. Dieser ist hier gemeint. In dem aufsteigenden Nachklang teilt sich das heilige Wesen des anderen Menschen mit. Man erhebt sich nicht über den anderen Menschen, unterwirft sich ihm aber auch nicht, denn man verbleibt ganz in der Geste der Wahrnehmung. Die Aufmerksamkeit ist auf den Ort der Seele gerichtet, durch den die Zeichen selbst, ohne unser Zutun, ihre Botschaften aussprechen.

Das schließt mit ein, dass man von der geistigen Individualität des anderen Menschen so berührt wird, wie es von ihm gewünscht wird. Man fühlt, dass das, was man über sie erfährt, in Übereinstimmung ist mit dem, was dieser Mensch von sich zeigen möchte. Diese Methode schließt aus, dass man mehr erfährt, als die Geistwesenheit des anderen Menschen zulassen möchte. Sie bleibt geschützt, weil man ihr zugesteht, nicht mehr von sich zu offenbaren, wie sie selber möchte.

Das Bild des anderen Menschen, das sich so einstellt, lässt sich als ein ergänzendes, also komplementäres Bild zu demjenigen erleben, das man bisher vom anderen Menschen hatte und von ihm erfahren hat. Es ergänzt jenes Bild, von dem man irrtümlich annahm, in ihm sei schon der ganze Mensch. Dieser ergänzende Blick schließt die Seite des Menschen ein, die in der einzelnen Biografie nie ihren vollen Ausdruck finden wird. Sie ist aber doch unmittelbar wirksam, als der geistige Keim, aus dem der Mensch sein Leben führt.

*

Nun ist dieses Bild des anderen Menschen, das man so erhält, nie für alle Zeit fertig. Es ist immer ein Anfangen. Man wird mit ihm nie zu Ende kommen, das wäre ihm widernatürlich. Aber dafür ist es genau das, worauf es hier ankommt. Denn es ist ein aus der geistigen Lebenswirklichkeit empfangenes Bild. Was geschieht, geschieht nicht nach der Maßgabe desjenigen, in dem es sich vollzieht. Durch dieses Bild spricht sich der andere Mensch in einer Weise aus, die über das hinausgeht, was man in der Begegnung auf dem physischen Plan mit ihm erleben kann. Man schaut, wenn auch wie in einem ersten scheuen Blick, auf sein Geheimnis. Man schaut nicht sein ganzes Geheimnis, denn wer könnte nur meinen, je einen solchen Blick auf einen anderen Menschen richten zu können, aber den Teil, den er zulässt. Sein ganzes Geheimnis behält jeder Mensch für sich. Denn nur ihm obliegt es, es zu lüften.

*

In unserer Untersuchung sind wir an einem bedeutenden Punkt angelangt. Indem man einen ersten, vielleicht nur zarten Eindruck von der ganzen Wesenheit eines Menschen empfängt, in der seine physische Erscheinung, seine Biografie, mit dem komplementären Bild derselben, also seiner geistigen Wesenheit vereint ist, betritt man eine Sphäre, in der die göttliche Wesenheit aufleuchtet, die jeder Mensch seiner ursprünglichen Natur nach ist. Dass wir Götter sind, kann in solchen Augenblicken zu einer unmittelbaren Gewissheit werden. Wir schauen einen anderen Menschen in seiner Gottähnlichkeit, in seiner Identität mit dem göttlichen Wesen, das er ist und mit dem er sich wieder vereinigen wird. Wir treten auf eine Weise vor einen anderen Menschen hin, die erkennen lässt, dass wir Götter sind.

Nimmt man das Gesagte ernst, stellt sich die Erfahrung ein, dass man mit den anderen Menschen auf eine Weise vereinigt ist, die sich nur zeigt, wenn man über die Zeichen und Formen des irdischen Lebens hinausgeht. Was uns verbindet, ist natürlich nicht unabhängig von unserem Leben auf der Erde. Es erschöpft sich aber mitnichten darin. Wir sind göttliche Wesen, die kraft ihrer Göttlichkeit jenseits der irdischen Lebensverhältnisse miteinander verkehren. Als Göttern steht uns die göttliche Welt insofern offen, als dass wir uns jenseits der irdischen Lebensformen begegnen können. Die Erde ist nicht die alleinige

Sphäre, in der wir zusammentreffen. Wir führen ein Leben als Götter, aber auch eines als individuelle Wesen auf der Erde.

*

Wenn ich nun einen schwachen Lichtwurf des heiligen Wesens eines anderen Menschen schaue, schaue ich immer auch mich. Wir haben gemeinsame Quellen, die so fühlbar werden. Ich und der Andere sind meine Quellen. Ich kann auf seine gar nicht verzichten, wenn ich nicht der Einseitigkeit verfallen möchte. Sein Wesen zeigt mir einen Teil der Schöpfung, der mir ohne ihn nicht offenbar werden könnte. Ganz kann jeder Mensch nur durch die anderen Menschen werden.

Der Hauch dieses zukünftigen und feierlichen Zustandes berührt mich, wenn mir gelingt, empfänglich für das komplementäre, kosmische Wesen des anderen Menschen zu sein. Ich erreiche es, wenn ich schweige. Je tiefer mein Schweigen ist, desto klarer kann jenes Wesen vor mich hintreten.

*

Das Ende des Weges liegt im Dunkel. Das Ziel ist mehr als vage. Man kennt doch den noch gar nicht ganz, dem die eigenen Bemühungen gelten. Man weiß aber, dass man diesen Weg nicht allein gehen kann. Man braucht andere Menschen, Freunde und Freundinnen. Sie brauchen einen ebenfalls. Den Weg zu uns können wir nur gemeinsam gehen. Das Ich und das Wir sind miteinander verschränkt. Eines stützt sich immer auf das andere. Das Ich geht ohne das Du in die Irre und das Wir ohne das Ich.

Das zeigt sich, wenn jemand in eine ernste Krise gerät. Geben die gewohnten und eingeübten inneren Stützen nach, tritt eine Leere ein, ein Fallen beginnt, das in einer Katastrophe enden kann. Die innere Festigkeit, die nun nötig wäre, die Leere und das Fallen auszuhalten, also sich wieder in sich zu gründen, reift erst. Die Abgründe, die sich auftun, sind ohne die Hilfe anderer Menschen gar nicht zu überbrücken. Wo man von einem anderen Menschen angenommen wird, der keine Urteile fällt, keine Erwartungen hat, der zuhört, da leuchtet die Kraft in die eigene Seele, die hilft, das Fallen aufzuhalten. Die Heimat, die verloren gegangen ist, die man aufgeben musste, erlebt man an und durch einen anderen Menschen. Man kann sich auf jemanden verlassen, für die Dauer, da man sich selbst verlassen hat.

Menschen sind starke Fundamente. Ihnen ist eine besondere heilende Kraft eigen. Nicht alle haben sie natürlich in derselben Weise. Aber keiner kann ohne sie sein.

In dem Maß, wie man seine Individualität ausbildet, nimmt die Notwendigkeit zu, sich auf andere Menschen verlassen zu können. Auf wahre Freunde kann man immer weniger verzichten. Denn mitnichten wird man nur einfach stärker, wenn man sein individuelles Wesen ausbildet, man wird auch immer verletzlicher und schutzbedürftiger. Die Wege zu den Göttern, auch zu dem göttlichen Wesen, das man selbst ist, führen nur über Freunde.

*

Die Begegnung mit dem anderen Menschen ist immer auch eine Begegnung mit seinem Inneren Kind. Wir treten mit ihm in Beziehung, sobald wir dem anderen Menschen begegnen. Man kann seine Sinne für die Wesensart des Inneren Kindes des anderen Menschen schärfen. Um es wahrzunehmen, ist dieselbe Seelenstimmung notwendig, die dazu führt, das eigene Innere Kind zu erleben. Man wird sich seiner bisherigen Meinungen und Urteile über den anderen Menschen enthalten müssen. Ebenfalls wird man sich auf dessen höheres, eigentliches Wesen einstimmen. Das Kind zeigt sich nur, wenn man alle äußeren Maßstäbe ablegt und nur die gelten lässt, die der andere Mensch aus sich hervorbringt. Das Innere Kind ist eine empfindsame Wesenheit. Es offenbart sich nur, wenn es fühlt, dass in dem Blick, der auf seinen Menschen gerichtet ist, der Wunsch nach Wahrheit lebt. Der Wahrheit des anderen Menschen nähert man sich nicht durch Urteile, Annahmen oder Meinungen; wenn man sich aber bewusst wird, dass ihre Quelle im anderen Menschen beheimatet ist, kann sie sich durch das Innere Kind offenbaren.

Das Innere Kind des anderen Menschen zu erfühlen oder zu erkennen, ist tatsächlich ein heiliger Akt. Man wird ihn nicht hervorrufen, nur dankbar empfangen können.

Man wird entdecken, dass das Wesen der Inneren Kinder verschiedener Menschen recht unterschiedlich sein kann. Auch das Alter des Menschen hat Einfluss auf das Wesen des Inneren Kindes.

Die Inneren Kinder zweier Menschen vereinigen sich, sobald die Menschen ein tiefes Verständnis und Vertrauen füreinander haben. Bei Verliebten sind sie regelrecht ineinander verschlungen. Aufmerksamkeit und Wertschätzung für den anderen Menschen, Zärtlichkeit und auch Erotik dienen den Inneren Kindern, miteinander Zwiesprache zu halten. Sie sind daran beteiligt, wenn sich Menschen achten, verehren und lieben. Daran knüpfen sich für sie bedeutende Möglichkeiten der Erweiterung und der Reifung. Wenn man erlebt, wie das Wesen des anderen Menschen in einem lebt, lebt in einem immer auch das Wesen seines Inneren Kindes. Man kann fühlen, wie das einen Zuwachs an eigenen Kräften bedeutet.

8 Die Gaben des Einzelnen und die Gemeinschaft

Die Gemeinschaft darf die Freiheit ihrer Mitglieder nicht schmälern oder einschränken, ansonsten verliert sie ihre Kraft und Quelle. Sie muss alles tun, was in ihrer Macht steht, diese Freiheit zu befördern. Formen und Wege zu finden und zu praktizieren, die Gemeinschaften in die Lage versetzt, dieser Prämisse zu folgen, sind von hoher Bedeutung für die Zukunft. Sonst verstärkt sich nur, was jetzt schon wirkt, dass nämlich die Gemeinschaften und die Individualität in einen unvereinbaren Gegensatz getrieben werden.

Nach diesen Formen und Wegen zu suchen entspricht dem tiefen Bedürfnis des heutigen Menschen. Er strebt danach, seine Individualität zu verwirklichen, weiß aber auch, dass sie verkümmern würde, wenn er sie nicht in der Gemeinschaft von Menschen entfalten könnte, die ihrerseits ihre Individualität entwickeln wollen. Beide, Gemeinschaft und Individualität, sind füreinander unverzichtbare Quellen der Entwicklung.

Es ist sinnvoll, dass ein Mensch das, was er sich erringt, anderen zur Verfügung stellt. Sich auf Kosten anderer zu entwickeln ist ohne Sinn. Ein Mensch, der das, was er sich erarbeitet, nur für sich nimmt, raubt der Gemeinschaft ihr Lebensbrot. Aber auch die Gemeinschaft, die nicht darauf achtet, wie sie jeden Einzelnen fördern und unterstützen kann, entzieht ihren Mitgliedern die Quelle, derer sie unbedingt bedarf. Gelingt ihr, die Einzelnen wirklich zu fördern, verstärkt sich das Band, das diese mit ihr verbindet. Gibt der Einzelne seine Gaben an die Gemeinschaft weiter (ohne sich dabei allerdings aufzuopfern), bildet er diese auf seine Weise mit. So wird eine Gemeinschaft einerseits durch jedes ihrer Mitglieder geformt und belebt, andererseits erschafft die Gemeinschaft für jedes ihrer Mitglieder die

Hülle, die der Mensch zu seiner individuellen Entwicklung benötigt.

*

Achtsamkeit für das zu entwickeln, was in der Sphäre des Sozialen geschieht, ist für die Organe der Gemeinschaft und für den Einzelnen unbedingt notwendig. Die Organe der Gemeinschaft und die Einzelnen müssen sich darin üben, genau wahrzunehmen, was in ihrem Kreis wirklich vor sich geht. Ohne die ungetrübte Wahrnehmung kann das freie Zusammenspiel zwischen der Gemeinschaft und den Einzelnen nicht wirklich stattfinden. Die Gemeinschaft, ihre Organe und die Einzelnen müssen sich beständig darum bemühen, die wahren Bilder den manchmal dramatischen und bewegenden Ereignissen abzutrotzen. Sie müssen lernen, was geschieht, als Zeichen zu lesen, die zu deuten und zu verstehen für das Zusammenleben unerlässlich ist. Die Wirklichkeit hat die Tendenz, den, der sich ihr wahrnehmend stellt, zu täuschen. Gerade soziale Prozesse haben die Neigung, ihr wahres Gesicht, ihre wahre Bedeutung und Aussage zu verbergen. Es bedarf einer strengen Arbeit, sich nicht täuschen zu lassen. Das hat mit der Komplexität der sozialen Beziehungen zu tun, aber auch mit der Befangenheit des beobachtenden Menschen.

*

Man muss sich sehr bewusst sein, dass die Wahrheit oft schmerzlich ist, weil sie zeigt, dass man als Beobachtender nicht nur frei und unabhängig ist. Man neigt leicht zu vorgefassten Meinungen und zu einem vorschnellen und ungerechten Urteilen. Das ist Gift für wahre und ungetrübte Bilder der sozialen Verhältnisse. Die Fähigkeit zu urteilen, also ein Bild zu erhalten, das den wirklichen Vorgängen und Zusammenhängen in einer Gemeinschaft entspricht, ist noch zu erwerben. Man sollte deshalb mit Urteilen achtsam umgehen. Zu sicheren Einschätzungen zu kommen, ist ein Weg, den man bewusst gehen sollte. Es reicht nicht, zu urteilen, ebenso wichtig ist, sich klar darüber zu sein, wie fundiert das Urteil ist.

Urteile können nur dann eine heilende und versöhnliche Wirkung haben, wenn der, der sie trifft, gleichzeitig mit einem achtsamen Blick auf sich selber schaut. Urteile fällen schließt mit ein, sich selbst mit bewusster Achtsamkeit im Fokus zu haben. Damit schützt man sich, den sozialen Prozess und die beteiligten Personen. Wenn man sich selbst gegenüber nicht die Disziplin aufbringt, die nötig ist, ein wahres Bild des eigenen Wesens zu erhalten, «verdient» man es nicht, sich das Bild eines anderen Menschen zu machen. Man muss in der Lage sein, dieselbe Strenge auf sich wie auf den Anderen anzuwenden. Ansonsten entstehen unwahre Bilder.

Sich über diese Prozesse Klarheit zu verschaffen gehört zu den Aufgaben zukünftiger und moderner Gemeinschaften.

*

In der Weise, wie die Gemeinschaft dem einzelnen Menschen verpflichtet ist, ist auch der Einzelne der Gemeinschaft verpflichtet. Die Gemeinschaft verlangt von ihm Loyalität. Diese kann er aber nur aufbringen, wenn er mit den Zielen, die die Gemeinschaft verfolgt, übereinstimmt. Er muss zu den Zielen, die die Gemeinschaft vertritt, Ja sagen können. Ist das nicht der Fall, wird er Loyalität nur vortäuschen. Ebenso muss die Art, wie die Mitglieder miteinander umgehen, seinen Erwartungen und Vorstellungen entsprechen. Er hat bestimmte Erwartungen, wie mit unterschiedlichen Meinungen umgegangen werden soll, wie man zu Lösungen kommt und vor allem, wie Machtstrukturen begegnet werden soll. Unterwerfung unter eine Person mit Machtbefugnis ist eine Geste, die in keiner Gemeinschaft, die mit der Zeit geht, auch in keinem Unternehmen, keiner Behörde oder staatlichen Institution mehr Platz hat. Sie erzeugt ein Klima der Demütigung und Unsicherheit, das für den modernen Menschen unwürdig ist.

*

Jedes Mitglied einer Gemeinschaft trägt Verantwortung für die Urteile und Bilder, die in ihr leben. Je reiner und wahrer sie sind, umso freier ist der Austausch, das Gespräch untereinander und umso einfacher kommen auch Entscheidungen zustande. Die Bilder rein und wahr zu erhalten, die die beteiligten Menschen voneinander haben, ist eine wesentliche Arbeit der Gemeinschaft. Eine Gemeinschaft, die sich bewusst ist, dass eine solche Arbeit ein wichtiges Fundament der Zusammenarbeit ist, der sich ihre Mitglieder unterziehen, wird ihre Kraft verstärken. Die Mitglieder der Gemeinschaft werden wahrnehmen können, dass durch die Gemeinschaft eine wesentliche Substanz erschaffen wird, eine soziale Substanz. Je freier die Mitglieder einer Gemeinschaft sein wollen, desto stärker wird ihr Bedürfnis, Achtsamkeit für die Arbeit der sozialen Substanzbildung aufzuwenden.

*

Wo Gemeinschaften die Freiheit des Einzelnen unbedingt achten, bildet sich durch das Zusammensein der Menschen eine besondere geistige Substanz. Sie kann nur in freien Gemeinschaften entstehen. Sie vergeht, wenn in der Gruppe Machtstrukturen auftreten, denen sich Mitglieder unterordnen. Wahrnehmbar ist diese Substanz daran, dass sich zwischen den Mitgliedern geistige Fäden bilden. Die Verbindlichkeit gegenüber den Zielen und Aufgaben der Gemeinschaft und die Freiheit der Einzelnen sind ausgesöhnt. Es ist ein heilender Strom wahrnehmbar, der unter den Menschen lebt und auch von der Gemeinschaft ausstrahlt. Diese soziale Substanz legt sich wie eine Hülle um die Gemeinschaft, schützt die Aktivitäten und Ziele ihrer Mitglieder und strahlt aus.

9 Gemeinschaften und Hellsichtigkeit

Schon in der Einleitung ist angeklungen, dass wir uns in einer Zeit befinden, in der die Empfindsamkeit der Menschen für das, was sich hinter dem sinnlichen Schleier ereignet, deutlich zunimmt. Das Bewusstsein der Menschen lässt sich immer weniger von der sinnlichen Welt begrenzen, was heißt, dass es die Welt hinter dem Schleier immer klarer als eine wesentliche Wirklichkeit ahnt, fühlt und auch erkennt. Man kann von einem natürlichen Hellsehen der modernen Seele sprechen. Es ist unabhängig von der bewussten Hinneigung, die ein Mensch in Bezug auf die göttliche Welt vollzieht. Das natürliche Hellsehen ist nicht an Glauben oder Religiosität gebunden, sondern entwickelt sich vollständig unabhängig davon.

Für viele Menschen sind Vorahnungen selbstverständlich. Sie haben deutliche Eindrücke von noch bevorstehenden Ereignissen. Anhand derer können sie sich auf das, was noch kommen wird, innerlich vorbereiten. In gewissen Momenten erfassen sie die Gedanken anderer Menschen, fühlen, wie diese sich fühlen, oder wissen, wie diese gleich reagieren werden. Sie haben Begegnungen mit Verstorbenen oder mit Naturwesen oder Engeln.

Diese Ahnungen oder Wahrnehmungen stellen eine besondere Herausforderung für sie dar. Sie wissen nicht immer, wie sie mit ihnen umgehen sollen. Ihre Empfindsamkeit wird ihnen oft als Überempfindlichkeit ausgelegt und ihre Reaktionen, durch die sie sich oft schützen müssen, als Mangel an Empathie. Ihre Erlebnisse und das Verhalten, das daraus resultiert, stoßen nur auf wenig Verständnis. Wenn sie von ihren Wahrnehmungen sprechen, löst das häufig Empörung, Schrecken und Angst aus. Es kann so weit gehen, dass ihre Wahrnehmungen angezweifelt werden. Das erleichtert nicht, ein positives Verhältnis zu diesen Fähigkeiten einzunehmen.

*

Wahrnehmungen, die über die der sinnlichen Welt hinausgehen, bedeuten für den Menschen, der sie hat, dass er auch zur Realität der sinnlichen Welt in ein neues Verhältnis tritt. Sobald er entdeckt, dass die sinnliche Welt nicht mehr die ganze Wirklichkeit und Wahrheit ist, wird ihm auch diese zu einer neuen Welt. Er wird sich anders in ihr bewegen. Was um ihn und mit ihm geschieht, erhält andere Bedeutungen. Er wird dem immer weniger Glauben schenken können, was ihm zuvor vollständig klar und einsichtig erschienen ist. Was er für wahr gehalten hat, entpuppt sich zu seiner Überraschung als Schein, und was er für Schein gehalten hat, zeigt seine tiefere Wahrheit.

Doch auch mit ihm selbst geht eine wesentliche Veränderung vor. Mit der Empfindsamkeit für die Dinge, die sich um ihn ereignen, geht einher, dass er insgesamt verletzlicher, ja verwundbarer wird. Er fühlt sich von vielen Dingen in einer Weise beeindruckt, dass er nicht mehr frei ist, den erlittenen Schmerzen gegenüber neutral zu sein. Er leidet ohne Absicht mit. Das verunsichert. Fremde Gefühle erlebt er in einem Maß wie eigene, dass er oft Zeit braucht, sich davon wieder frei zu machen. Ist er nicht mehr in der Lage, sich von diesen Einflüssen zu lösen, sind schwierige Gefühlszustände die Folge.

*

Gemeinschaften, die aus den Impulsen der heutigen Zeit wirksam sein wollen, müssen sich den vorgenannten Entwicklungen stellen. Das heißt, dass sie damit rechnen müssen, dass das Seelenwesen des Menschen einer bedeutenden Verwandlung unterliegt. Einerseits fühlt sich die Individualität des Menschen unfähig, sich einer äußeren Autorität zu unterwerfen. Andererseits treten Erfahrungen auf, die ihr zeigen, dass die sinnliche Wirklichkeit unbedingt von einer übersinnlichen, geistigen durchdrungen ist.

Eine Gemeinschaft, also auch eine Familie, eine soziale Institution, eine Firma, eine Behörde, eine Schule oder Universität, eine Ehe, eine Freundschaft, kann nur als modern gelten, wenn sie diesen Entwicklungen genügend Beachtung schenkt.

Die auftretenden sozialen Probleme werden nicht im Ansatz zu lösen sein, wenn nicht die Verwandlungen ins Auge gefasst werden, die zurzeit im Wesen des Menschen vor sich gehen. Die sozialen Aufgaben lassen sich nur lösen, wenn die Entwicklung des Menschen die nötige Beachtung findet. Sie zu ignorieren vergrößert die Probleme nur, weil die eingeschlagenen Wege zu ihrer Lösung am Kern vorbeiführen. Nur wenn man mit dem rechnet, was heute in ganz eigener Art in jedem Menschen als neue Seeleneigenschaften in Erscheinung tritt, werden sich Schlüssel finden zu den Lösungen der großen Herausforderungen der Zeit.

Vor allem sind Personen, die in einem Projekt, einer Ausbildung, einer Institution, einer Firma oder einer Behörde leitende Funktionen einnehmen, durch das, was vor allem jüngere Menschen mitbringen, sehr herausgefordert. Die Verantwortung, die man übernimmt, hat zur Folge, sich mit den neuen Fähigkeiten auseinandersetzen zu müssen. Es ist leicht, ein Fehlurteil zu fällen, wenn das, was einem von einem anderen Menschen entgegenkommt, fremd und rätselhaft ist und sich nicht in die Ordnung der Dinge, die man gewohnt ist, einfügt.

II DAS VERLETZTE UND DAS KOSMISCHE KIND

1 Verantwortung gegenüber der Erde

Es ist tief beschämend, dass der Mensch die Unberührtheit, die Natürlichkeit und Reinheit der Erde beeinträchtigt und schädigt. Er verletzt die Erde. Er missachtet, die ihn trägt und ihm sein Leben gibt. Die Erde und die auf ihr lebenden Wesen werden durch unser Verhalten in einen Zustand versetzt, der den, der ihre Not mit wachem Herzen wahrnimmt, tief verstört und verunsichert. Die Not der Erde und der auf ihr lebenden Wesen weist im Grunde auf die Not des Menschen hin. Was ihn in die Lage bringt, mit der Erde und ihren Wesen so respektlos und verletzend umzugehen, wie es heute und schon seit einiger Zeit geschieht, entlarvt ihn. Was er mit der Erde tut, ist ein Makel, der an ihm haften bleibt und der nur zeigt, wie schlimm es um den Menschen selber steht. Nur wer selbst verletzt ist, kann verletzen. Man fühlt, wie man seine eigene Würde verliert, wenn man die Würde der Erde missachtet.

In der westlichen Welt gelten die Erde und die Wesen, die auf ihr leben, als Objekte, aus denen man ohne Ende Nutzen und Ertrag ziehen kann. Die technische Entwicklung der letzten zwei Jahrhunderte und die daraus erwachsenen Möglichkeiten haben den Menschen zu dieser folgenschweren Fehleinschätzung verleitet. Die Erde wird als ein Produktionsfaktor betrachtet, der vor allem der Vermehrung von Lebensqualität, Reichtum und Sicherheit dient.

Diese Sichtweise ist veraltet. Die Erde selbst weist diese Ansicht zurück. Zahlreiche aktuelle Phänomene veranschaulichen, dass der Mensch seine Beziehung zur Erde einer energischen Prüfung zu unterziehen hat. Sie nötigen ihn, sein Verhalten und seine Lebensweise zu ändern. Das führt dazu, dass eine neue Verantwortung der Erde gegenüber aufkeimt. Die

Umstände drängen dazu, die Folgen unserer Überzeugungen, unserer Gewohnheiten und Taten in Bezug auf das Wesen und die Gesundheit der Erde zu hinterfragen und zu prüfen. Wir können nicht mehr so tun, als beträfe unser Verhalten die Erde und die auf ihr lebenden Wesenheiten nicht.

*

Die Menschen haben in den zurückliegenden Zeiten von ihrer Verantwortung für die Erde gewusst. Sie fühlten und erlebten, dass sie ihnen von den Göttern gegeben worden war. Sie fühlten sich wie Kinder oder Sprossen der Götter, von denen ihr Leben und das der Erde und ihrer vielen Wesen ausging. Sie hätten sich niemals dazu verleiten lassen, von der Natur mehr zu nehmen, als sie wirklich brauchten. Eine tiefe Schuld empfanden sie, wenn sie Tiere töteten, Bäume fällten oder die Erde verletzten. Um das doch tun zu können, bedienten sie sich verschiedener Rituale, durch die sie die Götter und die hohen Wesen der Tiere und Pflanzen, die sie nutzten, gnädig stimmten. Das geistige Band, das sie mit den Wesen der Natur, die ihnen das Leben auf der Erde erlaubten, verband, war noch eine reale Erfahrung.

Heute leben wir in einer Zeit, in der es darum geht, dieses Band wieder aufzunehmen. Weder Magie im alten Sinn noch das Kopieren traditioneller Rituale sind dazu nötig. Vielmehr liegt es in der Verantwortung jedes Einzelnen, die Beziehung zur Erde und ihren Wesen so zu verstärken und zu leben, wie es ihm entspricht. Die Kenntnisse alter Rituale können dazu dienen, sich der eigenen Fähigkeiten und Kräfte zu vergewissern, sie müssen das aber nicht. Jeder kann lernen, sich darauf zu verlassen, sein eigenes Band, seine eigenen Methoden und Wege zu finden, der Erde zu dienen und ihre Wesen zu unterstützen.

Früher lag eine große Verantwortung bei denjenigen Menschen, die mit den Göttern verkehrten. Das gab ihnen die Autorität, die Stämme oder Völker zu führen. Heute besteht kein Grund mehr, dass ein Mensch über einen anderen Macht haben soll. Damit hat sich aber auch die Verantwortung des Einzelnen geändert. Der Einzelne kann erleben, dass die Verantwortung für das Wohlergehen der Erde, für ihre Lebenskräfte und ihren Zustand immer mehr in seinen Händen liegt.

*

Die oben dargestellten Zusammenhänge lassen sich nicht trennen von einer anderen wesentlichen Aufgabe des Menschen der heutigen Zeit. Sie liegt darin, für die Auflösung und Verwandlung der bestehenden Formen der Machtausübung einzutreten. Machtstrukturen sind ein soziales Gift, das, wo es auftritt, eine verheerende Wirkung auf die Menschen und ihre Lebensformen hat. Der Einzelne strebt mehr denn je nach seiner individuellen Freiheit und Entwicklung. Der freie Mensch leidet unsäglich in einer Gesellschaft, die durch autoritäre Lebensformen bestimmt wird. Das zeigt sich heute in aller Deutlichkeit. Macht, die auf das Individuum ausgeübt wird, das sich als ein ureigenes Wesen zu empfinden und zu begreifen beginnt, löst einen Schmerz aus, dem es sich kaum zu erwehren vermag. Diesen Schmerz mag man als unvermeidlich ansehen und akzeptieren. Er wäre aber zu vermeiden, wenn man sich gemeinsam bewusst würde, welche Voraussetzungen für die freie Entwicklung des Menschen notwendig sind. Machtausübung und autoritäre Verhaltensformen sind Gegenkräfte des individuellen Menschen. Sie verhüllen und verhindern den Weg zu seinem ureigenen Wesen.

*

Als Menschen haben wir aber auch Aufträge gegenüber dem Wesen der Erde. Zwischen denjenigen, die wir uns gegenüber haben und denen der Erde gegenüber besteht im Grunde kein Unterschied. Was ich im Sinne der Selbstverwandlung an mir und für mich tue, tue ich immer auch für das Wesen der Erde. Gerade von der Geschwisterschaft dieser beiden Gesten hatte die Dichterin Nelly Sachs tiefe Erfahrungen. Sie hat zeit ihres Lebens um sich selbst gerungen, um ihr Schicksal und um das Schicksal der Erde. Für sie sind diese beiden Gesten auf eine sehr schmerzvolle Weise miteinander vereint. Als ein Flüchtling aus Deutschland, der in Schweden aufgenommen wurde, empfand sie die Leiden fremder Schicksale wie ihre eigenen. Ihre Gedichte sprechen davon eine deutliche Sprache. In einem Brief an Johannes Edfelt schreibt sie:

> *«Mein ganzes Lebenswerk (ist) aus der Quelle entstanden, da unter den 7 Jahren unter Hitler ein beliebtester Mensch zu Tode gemartert wurde und ich doch nicht den Glauben verlor: es sei unsere Mission auf Erden, diesen Staub zu durchschmerzen, zu durchleuchten, (und) unser dunkel Vollbrachtes wird in einem unsichtbaren Universum eingetragen, ob gut, ob böse. Was wissen wir – wandern alle in Geheimnissen.»* (Dinesen/Müsser, S. 209)

In diesen Sätzen ist so viel, dass man verstummt. Man fühlt aber eine Zukunft darin, die trotz allen Leids sehr nahe ist – oder gerade deshalb.

*

Es ist eine wesentliche Frage, welches Bild wir von der Erde haben. Dass wir so, wie es jetzt geschieht, mit ihr umgehen, zeigt doch nur, wie falsch dieses Bild sein muss. Wir haben uns so weit von der Realität der Erde entfernt, dass wir die Schmerzen nicht mehr fühlen, die wir ihr zufügen. Wir, ihre Kinder, missachten sie, unsere Mutter. Wir sollten uns nicht über die Sorgen und Probleme wundern, die heute jeden Einzelnen und die Menschheit belasten und umtreiben und zur Verzweiflung bringen. Es ist von einem höheren Standpunkt sogar notwendig, dass diejenigen, die die Erde in dieser Weise behandeln, leiden. Unsere Probleme sind selbst gemacht. Ihnen liegen grundlegende Fehlgedanken zugrunde. Sie entstehen, wenn wir die Aufmerksamkeit für die ursprüngliche Einheit verlieren und sie missachten.

Wir sind hier nun an einem wichtigen Punkt unserer Darstellung angelangt. Obwohl wir leiden, weil wir verletzt werden und verletzen und sowohl Opfer als auch Täter sind, haben wir es schwer, die Ursachen unserer Leiden zu erkennen. Gleichzeitig wenden sich unsere verantwortungslosen Taten gegen das Wesen der Erde, also gegen die, der wir unser Leben verdanken. Zwischen beidem, unseren Leiden und unseren Taten, sehen wir aber keine Zusammenhänge. Wir nehmen nicht einmal wahr, was wir durch unsere Taten oder Untaten der Erde und ihren Wesen zumuten. Ansonsten würden wir die Zusammenhänge begreifen. Wir würden die Folgen unserer Taten schauen oder wenigstens fühlen können. Und auch erkennen, inwiefern sie zu dem führen, was jeder als seine kleinen persönlichen Unglücke und Katastrophen kennt.

Wir sind aber wie Blinde. Wir haben es schwer, zu begreifen, dass im konkreten Leben jede Tat immer auch eine Ursache ist, die nie ohne Folgen für die Ganzheit bleiben kann. Unsere Ganzheit ist aber die Erde, eigentlich der Organismus der Erde.

Nun ist das Wesen des Inneren Kindes, dem diese Untersuchung gilt, darüber in Kenntnis. Als weisheitsvolles Wesen weiß es von den lebendigen Zusammenhängen zwischen den einzelnen Wesenheiten, aber auch von den Folgen, die eine Tat für das Ganze hat. Jeder Mensch hat durch sein Inneres Kind Anteil an dieser Weisheit. Er kann daran anknüpfen. Er kann sich von ihr leiten lassen, sein Kind fühlen, es befragen und Rat von ihm einholen. Im Weiteren wollen wir genau das tun.

2 Die Individualität und das Innere Kind

Wir nehmen nun nach einigen wichtigen Umwegen den Faden wieder auf und wenden uns dem Inneren Kind zu. Schaut man es an, fällt seine Verletzlichkeit auf. Sein Wesen setzt keinem Einfluss eine Grenze – es nimmt alles auf, was sich zuträgt. Das bringt mit sich, dass es auch auf sich nimmt, was der einzelne Mensch erleidet: Schmähungen, Beleidigungen, Kränkungen, Verrat, Schläge, Missbrauch. Alles Schlimme, auch das Schlimme aus vergangenen Leben nimmt es auf. Es ist seine Aufgabe, für das empfänglich zu sein, was wir zurückweisen, was wir nicht wahrhaben wollen, weil wir es nicht ertragen können. Was wir noch nicht als einen Teil unserer Wesenheit annehmen können, weil es so weh macht, nimmt das Innere Kind auf sich, damit es uns nicht verloren geht. Es weiß, dass es uns nicht verloren gehen darf, weil wir sonst einen wesentlichen Teil unseres Wesens ignorieren würden. Wir stünden nur auf sehr unsicherem Grund, wenn wir nicht auch das, was wir erlitten haben und erleiden, uns vollständig einverleiben würden. Das Innere Kind weiß, dass der Schmerz so wichtig ist wie das Glück, um zu reifen.

*

Wenn man sich in das Wesen des Inneren Kindes einfühlt, bemerkt man, dass es nicht nur unseren Schmerz trägt. Das ist nur ein Teil seiner Aufgaben. Denn: Es atmet. Es atmet in Weiten, die sich unserem Verstand leicht entziehen. Das Innere Kind ist ein Wesen, das sich weit in die Reiche des kosmischen Lebens erheben kann. Es hat Flügel. Um es ganz kennenzulernen, lässt man sich von ihm am besten seine Flügel zeigen. Dadurch erfährt man, wozu es erschaffen ist. Es ist nicht nur dazu erschaffen, unseren Schmerz zu tragen, es ist dazu erschaffen, uns zu tragen, unsere ganze, unsere vollkommene Wesenheit. Das ist sogar seine vorrangige Aufgabe. Es trägt, was wir noch nicht tragen können. Das ist unser Schmerz, das ist aber auch unser heiliges hohes Wesen, das für unser Bewusstsein noch nicht mit unserem Erdenleben verbunden scheint. Mit unserem Bewusstsein erfassen wir nur einen bestimmten Aspekt unseres Wesens, nämlich den, der uns mit dem Leben auf der Erde vereint. Der Wesensaspekt, der uns mit den höheren Welten, mit dem kosmischen Dasein vereint, entzieht sich uns. Das sind wir aber auch. Dem Wesen des Inneren Kindes ist es keine Frage, dass wir uns weit in die kosmischen Welten erstrecken. Es erscheint uns gerade aus dem Grund kindlich, weil unserem irdischen Bewusstsein unser vollständiges Wesen in seiner kindlichen, unschuldigen Natur erscheint.

*

Begegnungen mit dem Wesen des Inneren Kindes sind Begegnungen mit der kosmischen Wesenheit, die jeder Mensch immer auch ist. Mit seinem unverletzlichen Wesen. Es steht zwischen den Welten, wie wir zwischen den Welten stehen. Es steht aber nicht so, dass es sich deshalb infrage stellen würde, wie es unsere Neigung ist. Es verzweifelt nicht oder bindet sich an Dinge, die seiner inneren Natur widersprechen. Ihm zu begegnen ist deshalb eine Wohltat für den Menschen, der ja leicht über sich selbst in Verzweiflung gerät. Das Innere Kind spricht davon, dass man nie so weit gehen darf, sein kindliches Wesen den Aufgaben zu opfern, die man übernommen oder aufgetragen bekommen hat. Es lohnt sich nicht. Denn man entzieht sich die Kräfte, zu denen man nur selbst den Zugang gewinnen kann, diejenigen Quellen, die in unserer kosmischen Natur liegen.

Die Botschaften ernst nehmend, die dieses Wesen dem lauschenden Menschen überbringt, zeigt ihm, dass er über eine ureigene, unbändige und wilde Kraft verfügt. Das Innere Kind ist ein Lehrer seiner Wildheit. Es spricht zu dem Menschen, der sich ihm hingibt, von der Kraft und der Sehnsucht nach Unabhängigkeit und nach Freiheit, als ein wesentliches Fundament des menschlichen Wesens. Dem wird er aber nur gerecht, wenn er die Kraft bewusst in sich erlebt, die ihm die Unabhängigkeit und Freiheit verleiht. Es ist ein wichtiger Schritt der persönlichen Entwicklung, diese Kraft in sich zu entdecken und aus ihr zu leben und sein Schicksal anzunehmen. Der Mensch, der seine wilde Natur entdeckt und annimmt, steht erst wirklich für sich ein. Ihm ist nicht mehr egal, was mit ihm geschieht. Er findet seinen Grund darin, die Lebensimpulse, denen er folgen möchte, in sich aufzuspüren, sie wahr- und anzunehmen und sie aus sich herauszusetzen. Der Mensch erlebt die Kraft zur Selbstbestimmung als Teil der Natur seiner eigenen Wesenheit.

*

Doch diese wilde Natur hat einen Schatten. Er erscheint, wenn der Mut fehlt, den eigenen Lebensimpulsen zu folgen. Seine Wildheit, die Kraft der Selbstbestimmung in sich zu fühlen, bedeutet noch nicht, sein Leben danach zu führen. Es hat Konsequenzen, sich seinem eigenen Wesen hinzugeben, ihm zu vertrauen und zu folgen. Denn man wird unweigerlich auf Widerstände stoßen. Heute, wo viele Menschen ihre ureigene individuelle Kraft und Wesenheit zu fühlen beginnen, ist es eine wesentliche Frage, wie man lernt, mit dem unbändigen und nach Freiheit verlangenden Wesen, das in einem ist, umzugehen. Die eigene Individualität zu erfahren ist nur der erste Schritt, der nächste besteht darin, sich ihr zu stellen und ihr mit Konsequenz, also auch gegen die Widerstände, die sie hervorruft, zu folgen. Das Innere Kind ist eine Wesenheit, die in dieser wichtigen Frage der heutigen Zeit mitreden möchte. Es dazu anzuhören kann helfen, Wege und Strategien zu finden, die den einzelnen Menschen nicht überfordern und ihn doch vor sich selber die Würde behalten lassen.

*

Jeder Mensch ist ein ureigenes Wesen. Er ist unbedingt einmalig. Diese Einmaligkeit zu erfahren bedeutet, einen besonderen Weg zu gehen. Auf diesem Weg gehen wir natürlich schon, denn jeder Mensch hat eine eigene Vergangenheit in Gestalt vieler schon gelebter Erdenleben. Heute ist es jedoch möglich, diesem Weg gegenüber ein klareres Bewusstsein zu entfalten. Wir lernen unser einmaliges Wesen immer besser kennen. Jeder Mensch ist stark, unangepasst, wild, unbequem, feurig, hat Wünsche und viele gute Ideen. Er ist ungezogen, aufmüpfig und voller Hingabe und Liebe. Er ist sehr ungeduldig, kann aber auch warten. Er möchte aber seine Wünsche, seine Ideen und Anliegen auch verwirklicht wissen. Ebenso ist er aber auch verletzlich, sensibel und leicht zu erschrecken. Die Individualität des einzelnen Menschen hat eben viele Gesichter, viele Seiten, viele Farben. Um sich seinem eigenen Wesen zu stellen, ist Mut notwendig. Wir dürfen uns noch üben, diesen Mut zu entwickeln, müssen also noch nicht verzagen, wenn wir immer wieder neu beginnen.

*

Wenn man sich der Quelle der eigenen Person oder besser der eigenen Individualität nähert, kommt man an einen Punkt, an dem eine merkwürdige und schmerzliche Erfahrung auftaucht.

Bewusst erlebt man die Kraft, die man gegen sich selbst richtet. Man erkennt die zahlreichen Methoden, die man anwendet, um sich zu schwächen und zu verhindern, der zu werden, der man seiner Potenz nach eigentlich sein kann. Man erlebt, wie sehr man sich selbst verneint. Das ist eine wesentliche Erfahrung. Man schaut die Widerstände, die in einem selbst liegen und die verhindern, dass man das große und tiefe Wesen, das man ist, annimmt. Dieser Punkt ist eine Schwelle, an der heute viele Menschen stehen. Sie fühlen sich als ein Wesen, dessen Entfaltung sie selbst behindern. Sie erleben, wie sie in ihrem eigenen Schatten stehen.

An diesem Punkt kann man nun aber sehr aktiv werden. Man erlebt die unwahren Urteile, die man über sich selbst fällt, und die Lügen, die man über sich selbst verbreitet. Man erkennt das Falsche, das man über sich denkt und sagt. Man sagt, man sei ängstlich, scheu, geizig, werde oft wütend, handle ungerecht und egoistisch. Jeder hat eine Reihe von schlechten Eigenschaften, die er sich zuschreibt. An ihnen ist etwas Wahres, aber auch immer etwas Unwahres, weil sie etwas festlegen, festschreiben, manifestieren, was gar nicht festzulegen, festzuschreiben und zu manifestieren ist. Diese Urteile entstammen unserer momentanen Persönlichkeit, aber nicht unserem ganzen Wesen. Jenes ist anders: weit, unbestimmt, beweglich und wandelbar. Indem man mit ihm rechnet, sich ihm zuwendet und anvertraut und es aufruft, verwandeln sich auch die negativen Urteile. Sie verlieren ihre Unerbittlichkeit und Starrheit, werden weicher, lebendiger. Es kommt dann der Punkt, an dem man sie eher wie Gäste erlebt, wie Wesen, die in der eigenen Seele wohnen, sich aber eigentlich gerne verändern und verwandeln würden. Sie wollen gar nicht so bleiben, wie sie sind. Sie tragen falsche Namen, die sie gerne loswerden, wenn man ihnen die Gelegenheit dazu bietet. Sie zeichnen sich dadurch aus, dass sie nicht so bleiben wollen, wie sie vordergründig erscheinen. Sie begeben sich gerne in die Hände der Individualität, die ihnen ihre wahre Identität zuweist.

3 Die Wunden der Seele

Einer, dem beschieden war, die Schatten der Welt auf eine besondere Weise zu durchleben, war Kaspar Hauser. Er tauchte, schwankend und ohne sprechen zu können, im Frühjahr 1828 in Nürnberg auf. Er gab schon zu seinen Lebzeiten Anlass zu Spekulationen. Während seiner Kindheit war er absichtlich in Verhältnissen gehalten worden, die bewirken sollten, dass er sich nicht über die Stufe eines kleinen Kindes entwickeln konnte. Nach seiner Freilassung überraschte er aber mit erstaunlichen Fähigkeiten. Als er 21 Jahre alt war, fiel er einem Mordanschlag zum Opfer. Er erlitt während seines kurzen Lebens viele Qualen. So wurde er der Schwindelei bezichtigt, aber auch das Kind Europas genannt.

Die sich seiner annahmen, bemerkten ungewöhnliche Begabungen an ihm. Eine dieser Persönlichkeiten war Friedrich Daumer. Er schrieb einige Bücher über Kaspar Hauser. Aus einem Bericht, den er ein halbes Jahr nach dem Auftauchen des Knaben verfasste, wollen wir ausführlich zitieren:

> *«Alle seine Sinne sind von ungeheurer Schärfe und Feinheit. Er riecht z. B. Dinge, die für gewöhnliche Organe ganz geruchlos sind, in beträchtlicher Entfernung, schmeckt einen Tropfen Fleischbrühe, der unter seine Wassersuppe gekommen, und unterscheidet in einer Entfernung von ungefähr hundert Schritten die einzelnen Beeren der Trauben eines Holunderbaumes; in mehr als der Hälfte dieser Entfernung erkennt er den Unterschied einer Holunderbeere von einer Schwarzbeere. Sein an die Finsternis gewöhntes Auge sieht in einer Dunkelheit, in welcher ein gewöhnliches Auge weder Farbe noch Umriss erkennt, noch ziemlich gut. Er unterscheidet in einer für andere gänzlichen Finsternis noch Dunkelbraun und*

Dunkelrot, Dunkelgrün und Schwarz und dergleichen und braucht in der Nacht kein Licht, um sich im Haus überall zurechtzufinden und mit Sicherheit umherzugehen; ja er sieht in der Dämmerung besser als bei hellem Tage, da ihn das Tageslicht blendet. Am merkwürdigsten sind die bei ihm vorkommenden Erscheinungen, die in das Gebiet des animalischen Magnetismus und des Hellsehens hinüberstreifen. In der Nacht, in welcher sich seine Krankheit brach, hatte er einen Traum, in welchem sich der Übergang zur Genesung in einem freundlichen Bilde darstellte. Wenn von hinten sich jemand auch ungesehen oder ungehört ihm nähert, so weiß er es vermöge einer ganz eigentümlichen Empfindung, welche ihm die Nähe lebendiger Wesen erregt. Wenn man die Hand gegen ihn richtet, so fühlt er eine Störung von ihr ausgehen, die er mit dem Ausdruck ‹Anblasen› belegt; beim Anfassen einer Hand befällt ihn, mit wenigen Ausnahmen (bei alternden Personen), ein kalter Schauder. Die meiste Empfänglichkeit für solche Eindrücke zeigt er (aus unbekannten Ursachen) in Beziehungen auf mich. Er empfindet es, rückwärts gekehrt, wenn ich in einer Entfernung von hundertfünfundzwanzig Schritten die Hand gegen ihn ausstrecke. Eine ähnliche Empfindlichkeit äußert er gegenüber Metalle(n); er fühlt und unterscheidet durch die Stärke des Zuges Metalle, die man, ohne dass er es gesehen oder weiß, unter Papier verborgen hat. Diese Erscheinungen vermindern sich jedoch, wobei er jetzt kräftiger und gesunder wird.» (Daumer, Seite 24f)

Man fragt sich, wenn man diese Zeilen liest, was mit Kaspar Hauser an die Oberfläche der Weltgeschichte gespült wurde. Sein Schicksal scheint dazu gemacht, ein besonderes Licht auf das Wesen des Inneren Kindes zu werfen. Kaspar Hauser hat unendlich gelitten. Er geriet an Menschen, die ihm übel zusetzten. Seine Lebensgeschichte zeigt exemplarisch (oder urbildhaft), dass man den dem Licht abgewandten Seiten des Lebens nicht ausweichen kann. Sie kommen ungefragt, sie gehören zum Menschen. Auch schuldloses Leiden. Wir müssen noch nicht vollständig verstehen, warum das so ist, denn wir fühlen, dass unsere Fähigkeiten dazu noch nicht ausreichen. Wir stehen aber am Anfang, dem einen Sinn zu geben, was am meisten allem Sinn zu widersprechen scheint. Wir ahnen doch, dass das Dasein kein halbes sein kann. Es ist kein Zufall, dass wir auch in und mit dem Dunklen leben, sondern ein Teil unserer Bestimmung.

*

Ja, die Götter haben Lieder, von denen wir, wenn überhaupt, nur die ersten Takte kennen. Sie summen. Unsere Ohren sind noch nicht gewohnt, das Andere zu hören, das Unhörbare, das von ihnen ausgeht. Wir haben uns damit abgefunden, die Welt nach ihrem sinnlichen Kleid zu beurteilen. Darüber hat aber unser Gehör gelitten. Die Götter haben sich vor uns zurückgezogen, aber nur, um in einem anderen Gewand wiederzukehren: nämlich im Gewand des Menschen, der sich nicht scheut, seine Schatten und Wunden der eigenen Seele anzuschauen. Das ist der Grund ihres vermeintlichen Verschwindens. Sie haben sich zurückgezogen, damit wir lernen, die Angst vor unseren Wunden und Schatten und Schmerzen zu überwinden. Das wird uns aber nur gelingen, wenn wir ihnen aus der Kraft unserer unverletzlichen Individualität begegnen. Wir mussten lernen, auf die Gegenwart der Götter zu verzichten, damit uns unsere unverletzliche ewige aufgeht.

Unsere Scheu vor unseren Verletzungen und Wunden ist den Göttern kaum begreiflich. Für sie sind sie Augen. Unsere Wunden sind Augen, mit denen die Götter uns schauen können. Dass wir durch sie die Welt der Götter schauen, haben wir noch nicht gelernt, doch wir sind dabei. Der Schmerz, den die Menschheit im 20. Jahrhundert erleiden musste, ist dafür unübersehbares Bild und Zeichen. Dass uns die eigenen Wunden wehtun, darf uns nicht täuschen. Im Grunde sind uns das Zeichen, dass wir noch nicht die Reife haben, die Welt der Götter zu ertragen. Wir sind noch zu wenig rein, zu wenig jungfräulich, als dass die Gewalt der Götter uns nicht schmerzte. Eigentlich sind wir noch viel zu wenig individuell. Wir stecken mit unserem unverletzbaren Wesen noch in den Wehen.

Den Wunden gegenüber, die uns unser Schicksal zufügt, haben wir die Kräfte noch nicht, so standhaft zu bleiben, dass wir ihren Sinn erfassten. Wir erfahren die göttliche Fügung noch nicht genügend, die durch unser Schicksal spricht. Deshalb muss es uns Schmerzen zufügen. Wir suchen noch nach den Seelenkräften, durch die wir in unser Schicksal eingreifen könnten, bevor es uns weh macht.

Die Wunden werden uns immer auch von den Göttern zugefügt. Sie lassen zu, was uns angetan wird. Der Mangel an Sinn schmerzt. Würden wir unser Schicksal begreifen, bevor es dazu kommt, dass die Götter uns verwunden müssen, litten wir viel weniger. Wir könnten dann rechtzeitig aktiv werden. Noch kommen wir den Göttern selten zuvor – denn wir lernen ihre Sprache noch. Es ist Schwerstarbeit für uns, den Sinn zu entdecken, der in unserem Schicksal lebt. Immer noch schafft es der Schmerz, uns zu überraschen. Ihm vorgreifen zu können ist ein Ziel, dem wir nachstreben. Noch blendet uns das Licht, das von den Göttern ausgeht, noch lähmt uns ihre Kraft, ihr Wille. Aber es wird langsam besser und leichter für uns, uns auf uns selbst und unser göttliches Wesen zu besinnen.

*

Die Wunden unseres Inneren Kindes sind zahlreich. Wir tragen sie mit uns herum wie Male. Sie sind uns eingeschrieben und tun noch weh. Sie ärgern uns, erscheinen mühsam und unnötig. Man will sie weghaben. Aber das ist ein Wunsch, den sie uns nicht erfüllen. Schaut man auf sie, ohne vor ihnen zu erschrecken und sich ihrer zu schämen, zeigt sich, dass sie einem etwas zurufen. Der Schmerz, der von ihnen ausgeht, ist eine Art von Sprache, die wir erst noch lernen müssen. Sie sind nicht ohne Sinn. Gerade dass sie so unangenehm sind und wir sie verbergen und ungeschehen machen wollen, zeigt doch, dass sie wesentlich sind. Ist es nicht so, dass sie uns an Aufgaben gemahnen, denen wir uns noch nicht genügend zugewandt haben? Wir sollen an ihnen lernen.

Viele unserer seelischen Verletzungen stammen aus zurückliegenden Leben. In unseren Wunden leben die Verletzungen weiter, die wir erlitten haben, aber auch diejenigen, die von uns ausgegangen sind. Wir sind Wesen, die gelitten haben, die aber auch Leid hervorgerufen haben. Wir sind Opfer, aber auch Täter. Beides sind Wunden, die an unserem Schicksal immer wieder hervortreten.

*

Wem es gelingt, seine Wunden unvoreingenommen anzuschauen, macht die überraschende Erfahrung, dass sie ihm als Wesenheiten erscheinen. Natürlich verhüllen sie sich. Ihre Kleider sind fremdartig dunkel, abstoßend. Das verleitet dazu, ihnen alles Wesenhafte abzusprechen. Der beharrlichen Betrachtung entgeht aber nicht, dass das negative Bild, das sie von sich geben, nur Schein ist. Sie täuschen, denn wie sollte etwas anderes für sie möglich sein, da sie aus Verneinung, aus Entwürdigung und aus Gewalt hervorgegangen sind.

Die Rolle, die sie spielen, hindert uns, unsere ganze Persönlichkeit und Individualität zu leben. Wie Mauern und Wälle stehen sie in der Seele, an denen man nicht vorbeikommt. Die Macht, die sie über uns haben, ist tatsächlich seltsam. Es offenbart sich darin nur die unerlöste Form ihrer Existenz. Es liegt an uns, ihr Kleid, das ein Schmerzenskleid ist, nicht für ihre wahre Existenz zu halten. Im Grunde sind sie nicht gegen uns. Selbst wenn ihre Schmerzen uns die Würde zu rauben scheinen, sie uns beschämen und an die Grenzen des Erträglichen bringen, sind sie viel mehr als das. Allerdings tragen sie ihr Geheimnis tief in sich. Aber ihr Geheimnis ist immer auch unseres. An der Ohnmacht, der Furcht und den Ängsten, die sie erzeugen, offenbaren sich nur unsere eigenen Grenzen.

*

Das ist aber nicht alles. Denn sie zeigen uns immer auch, wie wir die Grenzen, die durch sie sichtbar werden, überschreiten und überwinden können. Dazu müssen wir sie aber anders anschauen. Widerwillen und Furcht sind ungeeignet, ihr wahres Wesen, ihre eigentlichen Botschaften zu verstehen. Es braucht den Mut, ohne Bewertung und Urteil auf sie zu schauen. Sich von ihnen beeindrucken zu lassen bewirkt, dass man sich von einem falschen Bild fesseln lässt. Der Blick fällt auf das, was sie bei uns auslösen, aber nicht auf die Wesenheiten, die die Wunden eigentlich sind. Sie sind nicht die Scham, die Angst, die Schuld. Meinen wir das, erliegen wir nur ihrem Schein.

Man kann sich ihnen nur so zuwenden, dass man ihr Scheinwesen durchdringt. Dazu stellt man sich ihnen in der Meditation so unvoreingenommen gegenüber, wie es nur geht. Man zeigt ihnen, dass man nichts von ihnen will. Man schaut sie nur an. Mit der Zeit offenbart sich ihre Bereitwilligkeit, ihr wahres Wesen zu offenbaren. Es ist gar nicht ihr Wunsch, uns zu täuschen. Sie täuschen uns, damit wir bestimmte Erfahrungen machen, an denen wir wachsen und reifen können. Sie sind aber nicht das, was sie so an uns vollbringen. Sie sind mehr, sie sind größer, weiter als der Schmerz, den sie verursachen.

4 Gesten der Versöhnung

Wenn das wahre Wesen unserer Wunden nicht an dem hervortritt, wie sie vordergründig erscheinen, worin bestehen dann ihre Botschaften? Sie verbergen etwas vor uns und von uns. Wenn man sich ihnen meditativ und so unvoreingenommen wie möglich zuwendet, fühlt man in ihnen ein Leuchten, das aber undeutlich und schemenhaft bleibt. Dieses Leuchten dringt wie aus der Zukunft ins Bewusstsein. Tatsächlich leuchtet ein vor uns verborgenes Zukünftiges unseres Wesens durch unsere Wunden. Die Schmach, die Scham und die Schmerzen sind Vorboten einer anderen Zeit, in der wir uns verwandelt haben werden. Wir sind noch nicht dort, aber unsere Wunden werden einmal geheilt sein. Wir werden so gewachsen und gereift sein, dass sie uns nicht mehr wehtun. Sie tragen jetzt schon etwas von unserem zukünftigen Wesen.

Hinter jeder Wunde steht immer auch die Kraft ihrer Heilung. Daran offenbart sich die geheime Arbeit der Götter. Sie sorgen in allem für den heiligen Ausgleich. In jeder Wunde sind Hinweise auf das, was sie heilt. Sie sind Zeichen der Wirksamkeit unserer höheren, weisheitsvollen Wesenheit. Sie ist natürlich schon an uns tätig, aber wird erst in Zukunft Glied unserer individuellen Menschennatur sein. Den Göttern ist es noch nicht möglich, uns nicht auf dunkle Wege zu führen. Wir sind noch nicht so weit. Wir haben noch viel zu lernen. Allerdings sind die Blüten unseres hohen Wesens als Keime und Knospen schon da, aber sie schmerzen noch.

Das heißt nicht, dass man sich nur durch den Schmerz entwickelt. Der Schmerzensweg ist einer von vielen. Es gibt auch mildere, lichtere, unbeschwerte. Aber die dunklen Wege sind oft Vorbereiter der helleren.

Hinter einer Gier, die fesselt und unter der man leidet, weil man ihr immer und immer wieder erliegt, zeigt sich der aufmerksamen und urteilsfreien Wahrnehmung eine Wesenheit, die der Gier vollständig unähnlich ist. Ein Wesen erscheint, das zur Gier wie ihr komplementäres Bild ist: nämlich ein weisheitsvolles, aber auch kindliches Wesen. Es ist ihm, aus welchen Gründen auch immer, bisher nicht genug Aufmerksamkeit geschenkt worden. Es ist ignoriert und verdrängt worden. Es führt nur ein recht kümmerliches Dasein. Als die Gier ersteht es wieder, wie eine böse Karikatur ihres ursprünglichen Wesens. Der Grund, weshalb man an der Gier leidet, liegt nicht in der Gier selbst. Sie weist auf etwas anderes, auf einen Ursprung, der aber durch sie hindurchleuchtet.

Der Schlüssel, sich von der Gier zu befreien, liegt deshalb nicht in ihr selbst. Er liegt in dem Wesen, durch das sie sich der Ganzheit, aus der sie gefallen ist, wieder einordnen kann. Dieses Wesen konnte sich im jetzigen Leben oder den vorangegangenen nur unzureichend entwickeln. Es wurde gedemütigt, missbraucht, misshandelt. Es in seiner wahren Natur wahrzunehmen, zu ihm zu stehen, auf sein Dasein und seine Fähigkeiten zu bauen, diese anzunehmen und zu entwickeln, nimmt der Gier die Kraft und das Feuer, die sie am Leben halten.

Andere Wunden wie das Gefühl der Geringschätzung der eigenen Person, wie Demütigungen von vertrauten und geliebten Personen, erlittener Verrat, Misstrauen, Nachstellungen, Missgunst und Neid weisen ebenso auf Wesensanteile der eigenen Person und Individualität hin, die unentwickelt und unterdrückt sind, aber das Verlangen in sich tragen, entdeckt, angenommen und entwickelt zu werden.

Auch alle Formen von Ängsten, die Neigung, Wut zu entwickeln, oder das Verlangen nach zerstörerischen Taten weisen auf unterdrückte innere Wesen und Wesensanteile hin.

Verletzungen und Wunden dieser Art heilen vielleicht nur

langsam. Vieles braucht Zeit. Oft erlebt man widerwillig, dass man nicht Herr der Zeit ist, in der Wunden verheilen. Sie haben ihre eigenen Rhythmen und Gesetze. Immer wird man aber erfahren, dass aus Wunden, die heilen, Kräfte erwachsen, die einerseits dem einzelnen Menschen zugutekommen, andererseits aber immer auch seinem Lebensumkreis.

*

Was nun, kann man sich fragen, ist man jenseits seiner Mängel, seiner Wunden, aber auch seiner Fähigkeiten und Erfolge? Ich kann mir vorhalten, wo ich bisher gescheitert bin, wo ich versagt habe, aber auch, was ich bisher geschafft habe, was mir gelungen ist. Erstaunlich ist nun: Jedes Mal finde ich mich nicht. Ich bin nicht derjenige, der gescheitert ist, aber auch nicht der, der Erfolg hatte. Was ich nicht kann, bin ich nicht, ich bin aber auch nicht, was ich kann. Ich fühle, dass mir verboten ist, mich für den zu halten, der abgelehnt, oder für den, der gelobt wird. Vor dem Licht, das ich als meines, als mein innerstes und würdigstes erlebe, hat beides keinen Bestand. Ich kann nicht glauben, dass ich erst durch meine Erfolge oder meine Misserfolge vor mir selbst erscheine. Der ich tief in meinem Innern bin, steht jenseits beider. Aber wo?

An diese Frage knüpft sich eine weitere Erfahrung an, nämlich die schmerzliche, dass man begreift, sich von sich selbst noch gar kein Bild machen zu können. Man kann gar nicht wissen, wer man ist, weil man dort, wo man sich in seiner Ganzheit offenbaren würde, noch gar nicht hinreicht. Die eigene Wahrnehmung versagt vor dem Wesen, das man noch wird. Und: Die Bilder, die man von sich hat, die man sich schon gemacht hat, stimmen nicht, denn sie stimmen nur zum Teil. Aber wie kann man wissen, wie viel sie schon von sich selbst zeigen oder wie viel noch nicht?

Insofern bin ich ein Gott, der sich selbst noch gar nicht hat – und der noch auf dem Weg ist. Er wächst erst langsam, sehr langsam zu sich selbst hin. Ja, ich habe mich noch nicht und ich kann mich noch gar nicht haben. Ich selber bin jenseits aller Bilder, die ich mir von mir selber machen kann. Was ich von mir weiß, ist nur eine Spur, ein Lichtwurf meines eigentlichen Wesens. Ich bin mir noch fremd, weil ich die Fähigkeit noch gar nicht habe, mein ganzes Wesen wahrzunehmen. Insofern liegt ein Schleier vor meinem inneren Auge. Ich bin noch dabei, aus mir auf mich hin zu wachsen. Was ich von mir wahrnehme, bin ich und bin ich nicht. Ich sage schon Ich zu mir, aber es ist nicht das ICH. Nun weiß ich genau, dass ich nicht erzwingen kann, das von mir kennenzulernen, von dem ich noch nichts weiß. Ich würde mich nur unglücklich machen. Das heißt aber nicht, untätig sein zu müssen. Die Wunden sorgen schon dafür, mich wach zu halten.

*

Das Innere Kind wacht über den blinden Gott, der vor sich selber verborgen ist. Dennoch steht er, wenn auch unsicher, und findet seine Wege, wenn auch zaghaft und zweifelnd. Aber immerhin. Es geht irgendwie. Denn das Ich des Menschen ist mitnichten sich selbst überlassen. Es wäre schlimm, wenn es so wäre. Das menschliche Ich ist kein Wesen, das nur auf sich selbst gestellt wäre. Tag für Tag und Nacht für Nacht wird für es gesorgt. Es ist den großen Zyklen des kosmischen Lebens eingegliedert. Wachsen und Vergehen, Tag und Nacht, Wachen und Schlafen, Tod und Leben begleiten seine Existenz und formen es. Das Ich wird zu sich selbst durch die Rhythmen, denen die Erde unterliegt. Das darf man nicht vergessen. Die Erde, die Natur, die kosmische und die irdische, sind allesamt Mütter und Väter des menschlichen Ichs. Ohne sie kann es nicht sein. Seine

Existenz hängt von ihren noch weitgehend ab. Die Sphäre, die es sein Eigen nennt, ist noch schmal.

5 Das Geheimnis des Dunklen

Wenn wir nach innen gehen, stoßen wir nicht nur auf Wundes. Wir stoßen auch auf Böses. Es leben auch furchterregende Götter in uns. Ihre Grimassen erschrecken uns, rauben uns Verstand und Beherrschung. Sie lehren uns nicht nur das Fürchten, wir verleugnen auch ihre Existenz. Sie sind so böse, dass wir ihren Anblick nicht ertragen. Wir wagen nicht, von ihnen zu sprechen, weil wir meinen, schon das Aussprechen ihrer Namen ermunterte sie, ans Licht zu steigen. Deshalb neigen wir dazu, ihre Existenz zu verdrängen. Aber sie sind da, sie lassen sich nicht verdrängen. Hass, Neid, Rache heißen einige von ihnen. Grenzenlos ist die Scham, von diesen Geistern der Zerstörung und Vernichtung bewohnt zu werden, ihnen Leben und Heimat zu sein.

Man weiß, dass man sich täuscht, wenn man meint, sie loszuwerden, indem man sie verleugnet. Sie sind große, starke Götter. Sie lassen sich nicht ignorieren. Sie verdienen eine andere Behandlung. Denn, man ahnt es, sie haben ihren Sinn. Wenn es unsere Aufgabe ist, uns von blinden zu sehenden Göttern zu erheben, ist es nur recht, dass auch sie, die bösen Götter, ein Wohnrecht in uns haben. Wir und auch sie dürfen von nichts ausgeschlossen sein, alles aber muss seinen richtigen Platz finden.

*

«Wir sind vollkommen dank unserer Schwächen», ruft Kate Tempest in ihrem großen Gedicht «Brand New Ancients» aus. Später liefert sie eine beeindruckende Charakterisierung der blinden Götter:

«Die Götter halten Händchen unter Sternen am Strand,
die Götter waschen ihre Autos am Straßenrand,
die Götter besuchen ihre Eltern, reden von alten Geschichten
und basteln Pappmaché-Masken mit ihren Nichten,
für die Schülerbühne, die Götter sind ständig übermüdet,
die Götter hasten weiter, sie geben sich echt Mühe.
Die Götter werfen Erde in ein offenes Grab,
suchen alle Schuld bei sich, grübeln, wo ihr Fehler lag;
die Götter sind in der Küche, um für ihre Freunde zu kochen,
aber jetzt gab es Streit, und jetzt haben sie ein paar Teller zerbrochen,
die Götter sind wieder früh auf und lange bei der Arbeit,
fühlen Übelkeit beim Schlangestehen, Schüttelfrost ist auch dabei,
die Götter haben die Schnauze voll, ihr Hass ist aufgebraucht,
doch sie schauen gerne der Sonne zu, wie sie in den See eintaucht,
die Götter sind geschlaucht und geben sich geschlagen,
nach all den Stichtagen, Schulden und Scheidungsklagen,
vergessen ist unsere Berufung,
vergessen ist unsere Weisheit,
vergessen ist, wie wir zu uns sprechen, wie wir uns zuhören sollten.
Aber die Götter sind im Theater, die Götter zupfen Saiten,
die Götter starren auf das Schwanken der Bäume im Wind,
die Götter sind genau hier, so weit hergeholt das klingt,
jeder ist ein Gott, keine Könige, keine Kronen,
nur wir, ein Wesen, unendlich und heilig,
Götter, völlig fertig, einsam,
ausgebrannt, angepasst, rasend, zerschmettert,
erledigt … So wie eh und je, brandneue Klassiker.»
(Tempest, S. 56f)

Der Mensch hat alle Seiten des Seins in sich. Er ist ein Gemisch von Licht und Schatten. Das zeichnet ihn aus. So bringt er Farben hervor, die nur durch ihn erscheinen können. Unvollkommen sein zu können ist Fluch und Gnade. Ja, wir können irren, uns verrennen, fallen, täuschen und getäuscht werden, am ehesten über uns selbst. Aber das sind wir. So sind wir. Das ist unsere Schwäche und unser wundervoller Beitrag, unsere Begabung.

*

Dem Bösen in die Augen schauen und nicht böse werden ist heute eine große Herausforderung. Das Böse drängt danach, angeschaut zu werden. Es versucht gar nicht mehr, sich zu verstellen. Es kann gar nicht anders, als sich jedem zu offenbaren. Seit dem letzten Jahrhundert zeigt sich, für jeden unübersehbar, seine zerstörerische Potenz, sein Verlangen nach Vernichtung. Als wollte es gerade das: gesehen und vom Bewusstsein des Menschen aufgenommen werden. Gerade die Ereignisse des letzten Jahrhunderts zeigen, dass sich das Böse nicht mehr verbirgt, weil es vom Menschen angenommen werden möchte.

Das Geheimnis des Bösen ist, dass es sich nicht zerstören lässt. Es ist unzerstörbar, denn es zerstört. Der Wunsch, es zerstören zu wollen, verlängert nur seine Existenz, weil es dadurch nicht verwandelt wird. Es niederzuringen bewirkt nur, dass es an einem anderen Ort wiederaufersteht, weil es nicht verändert worden ist. Es annehmen heißt nicht, sich auf seine Stufe stellen, sondern ihm die Möglichkeit der Verwandlung anbieten.

*

Das andere Geheimnis des Bösen ist, dass es sich im und durch den Menschen verwandelt. Er erliegt ihm, ja, aber das ist nicht alles.

Das Böse sucht den Menschen, weil es sich in ihm ausleben und weil es in ihm wirken kann, es sucht ihn aber auch, weil er für seine Erlösung sorgt. Das Böse schaut im Menschen ein Wesen, in dem es wirksam sein kann, das aber auch ein Versprechen darstellt, nämlich ins Licht schreiten zu können. Für den Menschen heißt das, gerade zu bleiben auch im Ungeraden und Schiefen und seine Wahrheit trotz des Falschen, Trügerischen und Gemeinen zu bewahren. Doch wie leicht gewinnt das Äußere noch die Oberhand! Es ist zum Verzweifeln. Wie leicht verliert man trotz aller Wünsche und Vorsätze seine Kraft, aufrecht und wahrhaftig zu sein. Es könnte doch, meint man, so leicht sein.

Dem Gott, der man ist, ist kein einfacher Weg beschieden. Es wird ihm nicht genommen, im Leben zu stehen, zu arbeiten, sich zu sorgen, sich zu ängstigen, Neid zu empfinden, sinnlose Befriedigung zu suchen, in Illusionen und Hoffnungen zu leben. Aber das ist nicht alles. Da ist noch viel mehr. Wir müssen nicht dem Dunkeln erliegen. Auch wenn es seine Zeit dauert und viele Gänge und Umwege durch unsicheres dämmerndes Land, durch Schmerz, Verlust, Trauer, Angst, Selbstablehnung und Scham führen, können wir wissen, dass gerade das der Weg unseres höheren Auftrages ist.

Die Götter, die nie wie der Mensch die Erde bewohnen können, neiden uns die Erfahrungen, die wir auf der Erde sammeln. Auch die dunklen, die schrecklichen, die wir gerne von uns stoßen würden. Die Götter wären gerne an unserer Stelle. Ja, sie neiden uns sogar die Erfahrungen, die wir an der Grenze des Todes machen. Wir machen alle unsere Erfahrungen immer auch für sie, für die hohen und hehren Wesen des Kosmos. Deshalb verlassen sie uns nicht, deshalb müssen wir uns nie von ihnen verlassen fühlen. Die Wesen des Kosmos schauen mit großer Aufmerksamkeit darauf, wie wir mit dem Bösen umgehen, welche Haltung wir ihm gegenüber einnehmen, wie wir unsere Aufgabe ihm gegenüber definieren und wie wir zur Heilung des Bösen beitragen.

*

Wo sich das Selbst des Menschen an Mächte verliert, die sich gegen sein Ich richten, ist die Gefahr am größten, dass er geschwächt wird. Diese Mächte leben in ihm. Sie prüfen ihn. Es ist nun grotesk, dass sie stärker werden, je mehr man sie zurückweist. Sie lassen sich nicht vertreiben, indem man sie erniedrigt, auch wenn sie, weil sie große Macht ausüben, erniedrigen. Ihre Wandlung hängt davon ab, wie man ihnen gegenübertritt. Sie wollen den Menschen vereinnahmen, ihn schwächen; wenn er so reagiert, dass er sie herabwürdigt, verteufelt, verneint, ist aber nichts gewonnen. Denn der Kreis der Vernichtung beginnt nur wieder von Neuem. Der Mensch unterwirft sich ihnen nur umso mehr.

Wenn man aber den Mut aufbringt, dem Blick der Wesenheiten, die das Böse verkörpern, nicht auszuweichen, und ihnen standhält, zeigen sie, dass sie zum Menschen aufschauen. Ja, sie schauen mit sehnsüchtigem Blick denjenigen an, der hinter ihre fratzenhaften Masken zu schauen versteht. Sie tun das, weil er den Schlüssel zu ihrer Wandlung besitzt. Von ihm kommen die Kräfte, die das Böse heilen. Er heilt, weil er dem Bösen widerstehen kann, ohne es zu verdammen.

*

Wo das Böse unsere Kräfte überfordert, wo es uns überlegen ist, sind die Kräfte unseres Ichs ihm nicht gewachsen. Wir drohen ihm zu erliegen oder erliegen ihm, weil wir nicht stark genug sind, sein Wesen in die Schranken zu weisen. Es überkommt uns. Zu kämpfen hat dann wenig Sinn. Denn alleine kommt man nicht weiter. Man wird sich nach Mitstreitern umschauen, nach Freunden, nach Menschen, von denen man sich Rat und Hilfe holen kann. Man wird nicht umhinkönnen, neue Seelenkräfte zu entwickeln. Angesichts der Gegenwart des Bösen in der heutigen Zeit ist es für jeden eine wesentliche, ja existenzielle Frage: Wie übe und entwickle ich die Seelenkräfte, die mir helfen, dem inneren und äußeren Bösen nicht zu erliegen? Wo die Kräfte angesichts des Bösen versagen, bleibt nichts anderes übrig, als aktiv in die Arbeit einzutreten und neue Seelenkräfte zu entwickeln.

Sich angesichts der Macht des Bösen zu überfordern ist nicht schlau. Gefragt ist eine genaue und gesunde Einschätzung der eigenen Kräfte. So lernt man die Grenzen kennen, die einem in der Arbeit der Verwandlung des Bösen gesetzt sind. Man verfällt nicht der Gefahr, sie zu überschreiten.

6 Die Weisheit des Körpers

Das Böse ist die tiefste Wunde. Deshalb ist die Arbeit, angesichts des Bösen nicht zu verzweifeln, so schwer und immer wieder neu schwer. Im Grunde hat man keine andere Wahl, als sie immer wieder aufs Neue anzunehmen. Sie gelingt aber nur, wenn man sich einen langen Atem angewöhnt. Und sie beginnt immer da, wo man sich selbst annimmt. Genau dort, wo man das Herummäkeln und Herumkritisieren an sich unterbricht. Denn das sind bedeutende Schwächungen, deren Ursache man selbst ist. Stärkung beginnt immer dort, wo man der Sehnsucht nachgibt, sich mit sich selbst zu versöhnen. Das heißt aber, dass man aktiv in die Arbeit der Selbstverwandlung eintritt. Man muss sich nicht vor sich selbst verbergen. Es gibt noch sehr viel, was an einem noch zu entdecken ist. Man ist der, der man ist, und wird es doch erst. Die eigenen Fähigkeiten und Gaben zu erkennen und zu entwickeln – damit steht jeder noch am Anfang.

Das Böse, Widersinnige, Finstere fordert dazu auf, sich seiner eigenen Kräfte und Quellen bewusst zu werden. Das ist nur möglich, wenn man sich als ein Wesen begreift und erlebt, das die Keime seiner Entwicklung schon in sich trägt. Wir hüten selbst das, worauf wir zuschreiten. Die Keime unseres zukünftigen und noch in Erscheinung tretenden Wesens müssen wir nicht selbst hervorbringen – sie sind längst da. Und sie warten darauf, wahrgenommen zu werden, angenommen zu sein und zu wachsen. Deshalb gleicht die Arbeit an sich eher einem Suchen und Finden als nur einem strengen entbehrungsreichen Mühen. Die Fähigkeiten, die man erwerben möchte, sind keimhaft schon da. Manche sind schon entwickelt, haben sich bewähren können, andere warten noch darauf.

*

Für den einzelnen Menschen stellt sich an dieser Stelle eine wesentliche Frage. Sie betrifft sein Verhältnis zu seinem eigenen Körper. Nicht nur die Quellen, aus denen sich seine seelischen Kräfte speisen, dienen ihm, Standhaftigkeit und Wahrhaftigkeit zu bewahren. Ebenso verhelfen dazu die Kräfte des eigenen Körpers. Je mehr man sich mit ihm eins fühlt, desto leichter fällt es, sich der Wirklichkeit, auch der dunklen, zu stellen, ohne allzu viele Kräfte zu verlieren. Die Einheit mit dem eigenen Körper ist eine kraftvolle Quelle, die der Seele hilft, selbstbestimmt und selbstverantwortet zu leben. Er trägt mich, ihm verdanke ich mein irdisches Dasein. Durch ihn kann ich tätig werden, kann denken, fühlen, wahrnehmen, lieben usw. Ganz bin ich nur mit ihm.

Mit Bestürzung kann man erleben, wie unsere lange Geschichte dazu beigetragen hat, uns unserem Körper zu entfremden. Er galt als niedrig, wertlos, schlecht, böse, unbeherrscht, wild. Wir haben gelernt, ihn zu beherrschen, zu erniedrigen, zu misshandeln und auszubeuten. Heute ringen wir darum, zu ihm in ein gesundes, ausgeglichenes Verhältnis zu kommen. Die Entwicklung der Persönlichkeit kann sich nur mit, nie gegen den Körper vollziehen. Seine Bedürfnisse sind wesentlich. Der Körper ist jemand, den man nicht beherrschen, sondern wertschätzen sollte, wenn man mit ihm zusammenleben möchte.

*

Der Körper ist ein Wesen, wie es auch die Pflanzen, die Bäume und Tiere sind. Er ist ein belebtes, beseeltes und geistbegabtes Wesen. Er spricht mit dem, zu dem er gehört. Er hat ihm etwas zu sagen. Er spricht durch sein Verhalten, durch seine Zustände. Im Grunde spricht sich durch ihn das Schicksal des Menschen aus. Lernt man, auf ihn zu hören, wird man es leichter haben, sein eigenes Schicksal, also sein Wesen zu verstehen und es zu leben.

Tatsächlich birgt die Aufmerksamkeit gegenüber dem Körper große Möglichkeiten der Wandlung der Persönlichkeit. Je besser man ihn kennt, seine Zeichen und Zustände, desto einfacher ist es, den Ereignissen des eigenen Schicksals gegenüber richtig und angemessen zu reagieren. Der Körper gibt Zeichen, die zu dem, was äußerlich geschieht, nicht im Widerspruch stehen, sondern im Gegenteil im Einklang sind. Der Körper ist ein äußerst weisheitsvolles Wesen. Es ist unklug, auf diese Weisheit zu verzichten und sie und ihre Sprache nicht ernst zu nehmen.

Im Körper lässt sich wie in einer Schrift, wie in einem Buch lesen. Er ist ein Partner auf den Wegen des Schicksals. Gegen ihn zu handeln ist im Grunde nicht möglich. Er spricht durch das, was er uns bietet, aber auch durch die Widerstände, Schmerzen und Krankheiten. Sie sind Teil seiner Zeichensprache. Sie zu ignorieren bedeutet, wesentliche Hinweise ungenutzt zu lassen. Die Müdigkeit, die sich am Abend breitmacht, ist sinnvoll. Ebenso sind es die Schmerzen, die er uns bereitet. Er spricht durch die Krankheiten, die er uns beschert, denn sie mahnen uns, dass Verwandlungen anstehen.

*

Auf Schmerzen und Krankheiten so zu reagieren, dass man sie als Ausdruck einer sinnvollen Sprache auffasst, die uns aufmerksam machen möchte auf etwas, dem wir mehr Beachtung schenken sollten, stiftet ein geschwisterliches Verhältnis zu unserem Körper. Je mehr man sich in die Realität der göttlichen Welt einlebt, desto bedeutender wird das Verhältnis zum eigenen Körper. Er wird nicht unwichtiger, sondern wichtiger. Das mag verwundern, weil man vielleicht meint, das Einleben in die geistigen Welten gleiche einem Aufstieg, dessen Wesen darin besteht, sich von den Bedürfnissen und Zwängen des Körpers zu lösen. Das ist aber nicht die ganze Wahrheit. Denn der Weg in die geistige Welt ist ebenso ein Abstieg, nämlich ein sich tiefer und tiefer Verbinden mit der Materie, aber nicht mit ihren Schatten, sondern mit ihrer geistigen Wesenhaftigkeit. Der Körper ist unser materieller Begleiter. Er ist wie die Tiere und Pflanzen ein weisheitsvolles, geistiges Wesen, das als ein solches wahrgenommen und geschätzt werden möchte.

Das Gefühl der Einheit, das vom eigenen Körper aufsteigt und die Seele ergreift, spendet eine Grundfestigkeit, eine Stabilität, die die Seele des Menschen in der heutigen Zeit sehr nötig hat. Sie kann lernen, dem Körper und der Harmonie, die zwischen ihr und ihm besteht, zu vertrauen. Er ist sehr zuverlässig, gerade dann, wenn er sich zu Wort meldet. Er tut es im Sinne des Menschen, mit dem er verbunden ist, oft in einem höheren Sinn, der erst mit der Zeit aufgeht.

7 Zwiegespräche mit dem Inneren Kind

Die bewusste Entwicklung unserer Persönlichkeit darf nicht mit Bitternis und Verzicht gepaart sein. Das innere Wachstum gleicht trotz allem einem Spiel. Es gleicht den aus purer Lebensfreude gespeisten und doch ernsten Spielen der Kinder. Sich zu entwickeln ist ein Akt der Befreiung. Inneres Wachstum kann nicht erzwungen werden. Es ist anders: Endlich dürfen wir den Weg der Wandlung gehen. Aus Freude und Lust und aus Selbstverantwortung für die Quelle unseres eigenen Wesens. Entwickelt man ein Gespür für die Freude, die aller Verwandlung tief eingeschrieben ist, steht man in der Aura seines Inneren Kindes. Dann steht es in der Seele auf, weil es sich erkannt weiß und wertgeschätzt und gewürdigt fühlt. Wenn sich Zwang, zu viel Wille oder Dogmatismus einmischen, geht Kraft verloren. Die zu ernste, bittere Seele entdeckt sich nicht mehr. Sie entdeckt sich nur spielend, also aus der Kraft der Leichte, der Regsamkeit, des Interesses. Phantasie gehört allemal dazu, ohne sie lässt sich kein Spiel spielen. Wer verwandelt, ist immer ein Kind, ein Künstler.

Wandlung vollzieht sich vor allem leicht. Alles Überspannte, Verbohrte, Steife verhärtet die Seele eher, als dass es sie weitet und aufschließt. Das heißt nicht, dass man, wenn es angemessen ist, nicht auch streng mit sich ist, auch Verzicht übt, aber nie ohne gleichzeitig einen liebevollen Umgang mit sich zu pflegen. Sinnvoll kann die Entwicklung der Persönlichkeit nur sein, wenn sie von dem Gefühl der inneren Freude, der unbedingten Selbstachtung und Selbstannahme begleitet ist.

*

Von Natur aus ist der Mensch vollkommen und unvollkommen. Er ist ein göttliches Wesen. In sich hat er die Gaben, sich zu verwandeln und zu veredeln. Er darf sich dieser Gaben versichern. Wenn er Zwang auf sich ausübt, sich züchtigt, sich strengen unerfüllbaren Vorsätzen unterwirft, kommt er in die Gefahr, sein vollkommenes Wesen zu verneinen. Damit verinnerlicht er bestimmte Gedankenmuster, denen er sich, indem er sie zu verwirklichen trachtet, unterordnet. Es ist aber grundfalsch, dass er sich unterordnet. Vielmehr sollte er die eigenen Quellen suchen, die aber nur in ihm sind und die er als das göttliche Wesen, das er ist, in sich hat. Aus ihnen schöpft er sich. Diese sind aber nicht an bestimmte Muster und Vorgaben geknüpft, sondern nur an das Wesen seiner Individualität. Dieses anzunehmen, kennenzulernen, aus ihm handeln zu lernen, ist heute ein vorrangiges Ziel.

*

Unsere Wunden sind immer auch unsere Schatten, und unsere Schatten sind immer auch unsere Wunden. Wo wir böse handeln, tun wir es, weil ein Mangel in uns ist. Wo wir entbehren, werden wir böse. Missgunst, Respektlosigkeit, Missachtung, Niedertracht, Grausamkeit und Zerstörungswut sind nicht nur frei gewählt. Aus der freien Individualität des göttlichen Menschenwesens stammen sie nicht. Das Böse kann seine Macht nur entfalten, wenn es auf einen Mangel trifft, auf eine Verletzung, auf eine Wunde. Nur wo wir noch nicht ausgeglichen sind, wo wir aus der Einheit unseres Wesens herausfallen, wo unsere Wünsche und Bedürfnisse missachtet werden oder wir sie selbst missachten, können wir böse werden. Wahre Seelenharmonie schließt das Böse aus. Die entwickelte menschliche Individualität steht in einer Einheit mit sich selbst, sie steht zu ihrem ganzen vollständigen Wesen, das es ihr verbietet, sich dem Bösen hinzugeben.

Die Wesenheit des Inneren Kindes ist bestrebt, der Individualität des Menschen das, was aus der Einheit gefallen ist, wieder einzuverleiben. Das kann es aber nur dank seiner kosmischen Natur. Sein unverletzter und unverletzlicher kosmischer Wesensanteil gibt ihm dazu die Kraft. Wir dürfen uns von ihm führen lassen, damit wir der Wesensanteile gewahr werden, die davon ausgeschlossen sind, in unser Wesen integriert zu sein. Es weist uns auf diese hin, auf die Verletzungen und Wunden. Aber es weist uns genauso auf die Seelenkräfte hin, die dazu dienen, uns wieder mit den fremd gewordenen, ausgestoßenen Seelenanteilen zu versöhnen und zu vereinigen. Das Innere Kind verleiht uns die Bewusstseinskräfte, die Heilarbeit an unserer eigenen Seele, an unserem eigenen Wesen zu vollziehen. Es verleiht uns die Gewissheit unserer Unverletzbarkeit. Es stärkt uns, der Gegenwart unserer eigenen kosmischen Wesenheit gewahr zu werden. Es möchte zulassen, dass wir die Kräfte finden, in uns heimatlich zu werden.

Schon einmal war von Kaspar Hauser die Rede. Wir haben auf sein hochsensibles Wesen geschaut. Hier soll einem weiteren Aspekt seines Wesens Beachtung geschenkt werden. Wieder drückt es sich in den Worten Friedrich Daumers aus:

> *«Als Hauser aus seiner Verborgenheit hervor in die Welt trat, war seine Seele der Spiegel und Abglanz einer himmlischen Güte, Reinheit und Unschuld, wie sonst noch kein Beispiel vorgekommen oder bekannt geworden war. So blieb es nicht. Dass es aber einmal so war, dass diese seltenste und merkwürdigste aller moralischen Erscheinungen wirklich unter uns aufgetreten und beobachtet worden ist, das ist Tatsache. Es existieren dafür, auch abgesehen von meinen Relationen, die gültigsten und übereinstimmendsten Zeugnisse. Ja, es ist nachweisbar, dass Hauser, obgleich während seines weiteren*

Lebens in der Welt, in ein gewisses Schwanken geraten, doch bis zum letzten Hauche seines Lebens ein im Ganzen so guter, edler und liebenswürdiger Mensch gewesen, dass sich die Menschheit Glück wünschen müsste, wenn alle oder nur überwiegend viele Menschen diesem Bilde glichen. Es war nicht nur die romantische Seltsamkeit seines Schicksals und seiner Erscheinung, was die Menschen anzog und fesselte, es war die ganz einzige Kindlichkeit und Lieblichkeit seines Wesens und die makellose Schönheit seiner Seele, was einen so wunderbaren Zauber ausübt. (...) Er empfand jeden Schmerz und jedes Leid, das Anderen geschah oder nur zu geschehen schien, ganz als sein eigenes. Er konnte nicht dahin gebracht werden, jemanden auch nur zum Scherz einen Schlag zu versetzen; das tue ihm selbst gar zu weh, sagte er. Die kalte, kaltherzige Isolierung menschlicher Selbstheit und Besonnenheit, dieser wahre Sündenfall, war hier noch nicht zur Erscheinung gekommen; es stand ein paradiesischer Urmensch im Sinne der moralischen Fassung vor Augen, ein anbetungswürdiges Wunder in einer grundverderbten, in einem Abgrund von Selbstsucht und Bosheit versunkenen Menschenwelt.» (Karl Heyer S. 76ff)

Karl Heyer zitiert ebenfalls Freiherr von Tucher, der zu einem ähnlichen Schluss in Bezug auf das Wesen Kaspar Hausers kommt:

> *«So, wie ich diesen Menschen gefunden und geschildert habe, mit seiner natürlichen Reinheit und Selbstbewusstlosigkeit, gab er im vollkommensten Grade das Bild des ersten Menschen im Paradiese vor dem Sündenfall.»* (S. 79)

Einmal mehr zeigt sich, dass die Beschäftigung mit dem Wesen Kaspar Hauser für unsere Untersuchung fruchtbar ist. Sich ihm zuzuwenden kann uns den Zusammenhang zwischen dem Wesen des verletzten und des kosmischen Kindes näherbringen. Es hat den Anschein, als sei sein Schicksal ein bedeutendes Zeichen, das dazu dienen soll, die Wesenheit des Menschen in einem anderen, einem neuen Licht zu sehen. An ihm lässt sich etwas über die Wesenheit des Menschen lernen, das erst in Zukunft ganz aufgehen wird, aber mit ihm schon in Erscheinung getreten ist. Sein Schicksal ist Teil einer Zeichenschrift, durch das sich das Wesen des Inneren Kindes samt seiner kosmischen Natur in das Bewusstsein der Menschen eingeschrieben hat.

*

Nun ist es möglich, mit seinem Inneren Kind Zwiegespräche zu führen. Es ist die Aufgabe des Inneren Kindes, dem Schicksal des Menschen zu dienen. Je bewusster der Mensch mit ihm zusammenarbeitet, desto leichter fällt ihm, seinen Auftrag zu erfüllen. Von der Seite des Menschen ist dazu notwendig, dass er das Lauschen übt, das sich ganz dem anderen Wesen hingibt. Das Innere Kind ist eine geistige Wesenheit. Sie offenbart sich nur den inneren Sinnen. Wenn man es schaut, schaut man es vor dem inneren Auge. Man kann seine Wesenheit fühlen, seine Nähe, seine Aufmerksamkeit und Unterstützung. Man kann für die heilbringenden Impulse wach werden, die von ihm ausgehen. Man wird sich dazu aber nicht auf seine äußeren Sinne verlassen können, sondern nur auf seine inneren, geistigen. Das bedeutet, dass man besonderes Vertrauen entwickeln muss, was seine inneren Erfahrungen betrifft. Dieses Vertrauen wächst durch Üben, durch wiederholte und geduldige Hinwendung an die Wesenheit des Inneren Kindes.

*

Das Innere Kind ist bereit, sich mit unseren Fragen und auch Sorgen zu befassen und uns Ratschläge zu geben. Es ist aber darauf angewiesen, dass wir ihm den Raum geben, der es ihm ermöglicht, in Erscheinung zu treten. Dieser Raum ist ein seelischer Raum, der ohne Urteile, feste Vorstellungen und Erwartungen ist. Er ist notwendig, damit es mit dem Menschen in ein bewusstes Zwiegespräch eintreten kann.

Gelingt es, die innere Ruhe, Gelassenheit und Vorurteilsfreiheit hervorzurufen, wird man das Wesen des Inneren Kindes spüren können. Es wird sich kundtun. Es wird sich zeigen und sprechen, es wird auf Fragen reagieren. Man wird es beobachten können und wach werden für die Arbeit, die es an einem vollzieht. Das Innere Kind arbeitet am Menschen. Es übergibt ihm auf geistige Weise Gaben, die dazu dienen, ihn zu beleben, zu kräftigen und zu heilen.

8 Das Wesen des kosmischen Kindes

Die bewusste Begegnung mit dem Inneren Kind ist ein Geschehen von hoher Bedeutung. Der Mensch, der es anstrebt, geht eine Verbindung ein, die zur Folge hat, dass er sich von den Lügen, die er gegenüber sich selbst aufgebaut hat, beginnt loszusagen. Er kann sich nicht mehr selbst belügen. Er lässt zu, mit dem Blick des Inneren Kindes auf sich selbst zu schauen. Diesem Blick bleibt nichts verborgen. Er schaut sich, wie er ist, ohne Masken. Ebenso lernt er, sich seiner nicht mehr schämen zu müssen. Denn der Blick des Inneren Kindes ist ohne jede Anklage oder Schuldzuweisung.

Neu fühlt man in sich die Scheu vor großen Worten. Man wird bescheiden. Auch stiller. Man fühlt, dass etwas die Worte, die man spricht, behütet. Man duldet keine Überheblichkeit, keine raschen Urteile, keine Lügen, sie mögen noch so gering sein. Aber auch die Beziehung zu den eigenen Taten verändert sich. Sie sollen nur kein Unheil anrichten. Sie sollen nicht Anlass fremden Unglücks sein.

Das ist, es soll hier gesagt sein, nicht immer ein leicht zu ertragender Zustand. Als Erwachsener Kind sein sind wir noch nicht gewohnt. Aber Rückschritte sind natürlich. Auf keinen Fall muss man daran verzweifeln, wenn noch nicht alles, was man sich vornimmt, gelingt. Das Kind verzeiht. Es wünscht, dass man sich nicht einem falschen Druck aussetzt. Dazu gehört, dass man nicht zu streng, zu scharf gegen sich ist. Es duldet den Ehrgeiz nicht, durch den man sich selbst zum Feind macht. Es wünscht einem das Erlebnis des Glücks, der Freude über das, was schon gelingt.

*

Vom Inneren Kind hat man nie ausgelernt. Es belehrt die Seele über ihr ganzes Leben, eigentlich ihre vielen Erdenleben lang. Seine Botschaften sind deshalb vielfältig und individuell. Sie gelten dem individuellen Menschen. Jeder vernimmt die Unterweisungen des Inneren Kindes auf seine Art. Dennoch möchte ich an dieser Stelle in aller Kürze die Stimmung wiedergeben, mit der sich das Innere Kind dem Bewusstsein des einzelnen Menschen offenbaren kann. Diese sieben Sätze können dazu dienen, den eigenen Botschaften gegenüber aufgeschlossener zu sein. Sie sind Teil einer Unterweisung, die ich erhalten habe:

- Mensch, durchträufle deine Wunden mit deiner ureigenen heiligen Ich-Substanz.
- Schaue die Wesen, die deine Wunden ursprünglich sind.
- Stehe in deinem persönlichen Licht.
- In dem Atem deiner Seele, der dich durch Tag und Nacht, durch das Jahr und über den Tod hinaus in ein neues Leben führt, offenbaren sich die wahren Heilungskräfte für dein Wesen.
- Schaue und anerkenne die helfenden Mächte, die sich in der äußeren Welt, in den Tieren, Pflanzen, den Landschaften und Kulturen und im Lauf der Zeiten offenbaren.
- Nimm an, angenommen zu sein.
- Und nimm dich an, das Leben, das Schicksal und den Frieden.

*

Schon im zweiten Kapitel dieses Teils ist darauf aufmerksam gemacht worden, dass das Innere Kind atmet, dass es sich mit seinen Flügeln in die Reiche des kosmischen Lebens erheben kann. Das Innere Kind hat eben viele Gesichter; als Wegbereiter der menschlichen Individualität sind ihm die kosmischen

Welten alles andere als fremd. Seinen kosmischen Wesensanteil kann man als den höchsten Ausdruck des Inneren, aber auch des verletzten Kindes ansehen. Seine Kraft der Hingabe erlaubt ihm, in allen Welten zu leben. Das macht es zu dem unentbehrlichen und kostbaren Begleiter der menschlichen Individualität. Die Wesenheit des Inneren Kindes ist nicht identisch mit dem Ich des Menschen, aber es empfängt es, umhüllt es und begleitet es durch alle seine Leben, die es auf der Erde führt.

Das kosmische Kind ist der Wesensanteil des Inneren Kindes, das der heiligen Individualität des Menschen dient, indem es ihr die Weiten des kosmischen Daseins aufschließt. Die Atembewegungen, die dem kosmischen Kind eigen sind, vereinen die Seele mit der Weisheit der göttlichen Welt. Dadurch kann sie sich als ein Wesen fühlen, das ihre Geburtsstätte nicht nur auf der Erde hat, sondern auch in der göttlichen Welt. Der Mensch ist ein Kind des Kosmos und der Erde. In ihm vereinigen sich zwei Lebens- und Existenzströme.

Die Flügel des kosmischen Kindes verbinden das Ich des Menschen mit der göttlichen Welt. Ihnen sind die Weisheitsschätze eingeschrieben, die der Mensch erlangen kann, wenn er sich mit seinem Bewusstsein in die göttliche Welt erhebt. Indem man die Flügel des kosmischen Kindes anschaut, wird man auf die Weisheitsschätze aufmerksam, die sich dem Menschen dadurch erschließen, dass er sich seiner kosmischen Wesenheit bewusst wird.

*

Die göttliche Welt ist vielgestaltig. Mit seinem Bewusstsein wird sich der irdische Mensch erst mit der Zeit dieser Welt öffnen können. Nur die edelsten und höchsten Kräfte seiner Seele sind in der Lage, ihm die Stärke zu verleihen, die er braucht, um sein Bewusstsein nicht zu verlieren, sondern zu bewahren, wenn er der göttlichen Welt begegnet. In den Flügeln des kosmischen Kindes zu lesen ist deshalb keine Arbeit, der man sich mit Ehrgeiz und Forscherdrang widmen kann. Vielmehr sind Andacht, Demut, aber auch Strenge sich selbst gegenüber notwendig.

Die Flügel des Kindes berühren den ganzen Kosmos. Sie reichen weit, weit hinein in die hohen Geheimnisse des Seins. Die Kraft und Größe dieser Flügel zu spüren stärkt und erweitert die eigene Seele. Man fühlt sich dadurch erhoben und gestärkt; die eigenen Flügel fühlt man wachsen, wenn man sich denen seines kosmischen Kindes zuwendet und anvertraut.

Die Flügel des kosmischen Kindes dringen in die Welten, die die Seele nach ihrem Tod auf der Erde betritt und die sie vor ihrer Geburt auf der Erde verlassen hat. Das kosmische Kind ist mit den göttlichen Wesen vereint, die seit Urzeiten die Menschen begleiten. Es ist ihm ein Leichtes, ja eine Freude, sich mit den alten Göttern zu verbinden, mit Horus, Athene, Thor und allen anderen. Auch den Göttern der Urvölker steht es nahe, ebenso den göttlichen Wesenheiten, die die großen Religionen der Menschheit inspirieren. Die Unmittelbarkeit und Unverkrampftheit, mit der das kosmische Kind den zum Teil widerstreitenden religiösen Traditionen begegnet, ist beeindruckend. Man fühlt den Impuls, sich allen mit Respekt und Einfühlungsvermögen zuzuwenden.

*

Dem Wesen des kosmischen Kindes ist die Geste der Erweiterung eigen. Seine Kräfte der Hingabe gelten den höheren, den geistigen Welten, ihren Wesen und Kräften. Deshalb kann es auch der hohen Wesenheit des Menschen, die sich noch nicht mit der irdischen Welt verbunden hat, zugewandt sein. Das kosmische Kind vertraut dem ganzen Menschen, seine Hingabe reicht aus, dessen höheres Wesen zu schauen und zu empfangen. Es belehrt den Menschen, sein ganzes, vollständiges Wesen anzunehmen. Mit der Kraft der Hingabe bejaht es sein ganzes Wesen. Das kosmische Kind dient der Individualität des Menschen insofern, als es ihn darauf vorbereitet, sein höheres Wesen zu empfangen.

Es hat die Aufgabe, die verschiedenen Aspekte der menschlichen Individualität in einer Weise zu vereinigen, dass sie in einer gesunden Harmonie zueinander stehen können. Das kosmische Kind, das mit dem Inneren Kind eine Einheit bildet, gerät deshalb nicht in die Gefahr, die Individualität des Menschen in einer einseitigen Weise an die geistige Welt zu binden. Die Geistnatur des Menschen darf sich nicht auf Kosten seines irdischen Schicksals entwickeln, sondern muss ihm dienen können. Die Verwandlung des Schicksals, die Heilung der Kräfte des Bösen und die Erlösung der Erde bleiben vorrangiges Ziel des Inneren Kindes, seines kosmischen Wesensanteils und der menschlichen Individualität.

Das nun ist die Ursache, weshalb das kosmische Kind eine tiefe Beziehung zur Erde unterhält; allerdings ist seine Aufmerksamkeit nicht auf die materiellen Aspekte der Erde gerichtet, sondern auf deren seelische und geistige. Das kosmische Kind vereint die Seele des Menschen mit dem wesenhaften Kosmos, aber auch mit der verborgenen Geistgestalt der inneren Erde.

Das kosmische Kind regt die menschliche Individualität dazu an, sich den tiefen Geheimnissen der Erde hinzugeben. Seine Aufgabe ist es, ihr zu offenbaren, dass die Erde über Heilkräfte verfügt. Das kosmische Kind zeigt der Seele des Menschen Wege, die ihn in das geheimnisvolle Reich der inneren Erde führen, um dort zu entdecken, wie seine wahren und heilenden Lebensimpulse mit dem Wesen der heiligen Erde tief verbunden sind. Das kosmische Kind möchte der Menschenseele zeigen, dass seine Aufgabe darin besteht, zwischen den himmlischen Reichen und den heiligen Reichen der inneren Erde zu stehen. Die heilende Wirksamkeit der Seele des Menschen besteht in der Vereinigung dieser beiden Reiche durch sich selbst.

*

Es geht dem Inneren Kind und seinen Wesensaspekten um die Verwandlung des Schmerzes, aber auch um die Verwandlung der Schatten und des Bösen. Das gilt auch für das kosmische Kind. Gerade sein weiter Atem, der Schwung seiner farbigen und leuchtenden Flügel steht für die Geste und die Kraft der Vereinigung und der Heilung. Das kosmische Kind vertritt die Ordnung, die alle Entzweiung aufheben möchte, aber nicht dadurch, dass sie der Verwandlung ausweicht, sondern sie befördert. Wahre Verwandlung weicht dem Schmerz nicht aus. Der Mensch, der sich dem Schmerz stellt, der vor den Geheimnissen der Erde und seiner eigenen Wesenheit nicht zurückweicht und die Fassung verliert, ist im Sinne seines kosmischen Kindes tätig. Er scheut die Schatten nicht. Er kann es, weil er in sich die Kraft der Zuversicht spürt, die sich aus der Wirksamkeit des kosmischen Kindes speist. Das kosmische Kind führt die wunde und leidende Seele auf ihren Flügeln in die Reiche des Himmels, aber auch in die heiligen Reiche der inneren Erde, um sie zu kräftigen und zu stärken für die Arbeiten und die Aufgaben, die der Seele zur Erfüllung ihrer Erdenziele aufgetragen sind.

9 Wissen vom Menschen und das Innere Kind

Das Wesen des Inneren Kindes ist ohne Ende. Es nur gedanklich fassen zu wollen stößt schnell an Grenzen. Vor allem trägt dazu sein kosmischer Wesensanteil bei. Das Wesen des Inneren Kindes offenbart sich der unmittelbaren Erfahrung. Es möchte sich der einzelnen Individualität mitteilen. Es ist ein sprechendes Wesen. Seine reine und jungfräuliche Natur weist das bloß intellektuelle Denken ab, zeigt sich aber umso mehr der inneren Wahrnehmung.

Durch sein reines Wesen steht das Innere Kind in einem besonderen Verhältnis zu den Zeiten. In ihm stehen die Zeiten still, vereint sich Vergangenheit und Zukunft. Das beschenkt die Seele mit einem Raum, in dem sie in aller Ruhe in alle Richtungen schauen kann. Das führt zu tiefen Erkenntnissen. Das Innere Kind kann dem, der es wünscht, eine tiefe Erkenntnis der Welt, aber auch des Menschen vermitteln. Mit solch einem Wissen des Menschen stehen wir zugegebenermaßen erst am Anfang, aber immerhin.

*

Neben dem Inneren Kind, in dem das jungfräuliche, kosmische und das verletzte Wesen des Menschen mit allen ihren Zwischenstufen vereinigt sind, finden sich noch andere Wesenheiten, die auf sich aufmerksam machen. Zwei dieser Wesenheiten sind der weibliche und der männliche Anteil des einzelnen Menschen. Diese werden durch die in den vergangenen Leben gesammelten Erfahrungen gebildet, die im weitesten Sinne an das Geschlechtliche gebunden waren. Jede menschliche Individualität hat in der Regel schon Erfahrungen als Mann und als

Frau gesammelt. Sie hat viele Mütter und Väter gehabt, hat aber auch selbst geboren und gezeugt, war selber Mutter und Vater. Sie ist von Frauen und Männern geliebt, aber auch verletzt worden, hat aber auch als Frau und als Mann geliebt und verletzt. Das Verhältnis, das die Individualität zu den Geschlechtern einnimmt, bildet sich aus den Erfahrungen, die sie in diesem Sinne gesammelt hat. Das Männliche und das Weibliche des Menschen haben jeweils eine ganz bestimmte eigene und individuelle Gestalt und sind jeweils ganz bestimmte eigene Wesenheiten. Er wird, wenn er nur will, dieses Weibliche und Männliche an sich bemerken und erfahren können. Er wird seinen Mann und seine Frau, besser sein männliches und sein weibliches Wesen als eigenständige, in ihm wohnende Wesenheiten wahrnehmen können. Und er wird mit diesen Seelenanteilen, die ja Seelenwesenheiten sind, in Zwiesprache treten können.

*

Daneben finden sich weitere Wesensanteile der Seele. Jeder Mensch steht auf eine eigene Weise in der Entwicklung der Erde, man kann auch sagen, im Erdenkarma. Er ist immer auch Teil des großen und dramatischen Prozesses der Entwicklung der Erde. Er hat während vieler Zeitepochen gelebt und verschiedene Aufgaben wahrgenommen. Dem Wesen der Erde gegenüber hat er eine bestimmte Stellung, die an ihn als ein individuelles Wesen gebunden ist. Auch dieser Anteil seiner Seele hat den Charakter einer eigenen Wesenheit. Die Erde, ihre Entwicklung, ihre Nöte, ihre Bedürfnisse und die zahlreichen mit ihr verbundenen Wesenheiten sind mit dem einzelnen Menschen in einer ganz bestimmten Art verbunden. Sie wirken auf ihn, sprechen zu ihm, veranlassen ihn zu bestimmten Überlegungen und Entscheidungen. Sie berühren sein inneres Wesen, bewegen ihn, impulsieren ihn und rufen bestimmte Intuitionen in ihm auf. Er gehört der Erde unmittelbar und unlösbar an, ist kraft seiner zahlreichen Erlebnisse tief mit ihr verbunden und fühlt sie deshalb auf eine ganz bestimmte Art. Er wird getragen, trägt aber auch. Die Wesenheit, auf die man so aufmerksam wird, hat einen starken überpersönlichen Anteil, ist aber Teil der individuellen Wesenheit des Menschen. Durch sie wird seine irdische Geschichte offenbar, die ihn durch die Epochen der Erdentwicklung geführt hat.

*

Einem weiteren Wesensanteil begegnet der Mensch, wenn er auf seinen eigenen persönlichen Weg schaut. Er schaut sich selbst, die Erfahrungen, die er durch seine zahlreichen irdischen Biografien gesammelt hat. Er besitzt aber nicht nur diese, sondern auch solche in der geistigen Welt. Zu den Spuren, die er auf der Erde hinterlässt, treten diejenigen in den geistigen Welten. Neben seinen irdischen Biografien hat er Biografien in den übersinnlichen Welten. Für diese wachen wir erst langsam auf. Die hier gemeinte Wesenheit umfasst unsere irdischen und unsere kosmischen Erfahrungen. In ihr sind alle unsere Inkarnationen, alle Lebenswege vereint. Nähert man sich dieser Wesenheit, kann man einen lebendigen Eindruck der eigenen Ich-Wesenheit, der Individualität erhalten.

*

Zu diesen fünf Wesenheiten, dem Inneren Kind, der weiblichen und männlichen Wesenheit, der Wesenheit, die die Entwicklung der Erde und die Individualität vereint, und zu der Individualität selbst kommt eine sechste. Diese Wesenheit steht in der Linie zwischen dem Wesen des Menschen und dem Wesen der inneren, der verborgenen Erde. Das Innere der Erde wird für den Menschen, der sich auf den Weg seiner spirituellen Entwicklung begibt, zu einer immer wichtigeren Erfahrung. Seine Entwicklung ist alles andere als unabhängig von dem, was die Erde ihrem tiefen Wesen nach ist. Sein eigener Entwicklungsweg ist sogar mit ihr auf eine existenzielle Weise vereint. Die innere Erde, ihr Wesen, ihr Licht, aber auch ihre Schatten stehen in einem tiefen Zusammenhang zu der Entwicklung des Menschen. Die Stationen seiner Entwicklung sind im Grunde durch das geistige Wesen der Erde, durch ihren geistigen Organismus vorgegeben. Seine Entwicklung ist nur sinnvoll im Zusammenhang mit dem Dasein der inneren Erde. Diese Tatsache wird durch den sechsten Wesensanteil des Menschen repräsentiert.

Einerseits hat der Mensch Anteil an den Schatten der inneren Erde. Durch sie wird seine Entwicklung maßgeblich geprägt. Die Schatten, die der einzelne Mensch auf seinem Weg der Entwicklung zu verwandeln hat, stehen immer auch in einem Zusammenhang zu den Schatten, die die Erde in sich trägt. Andererseits ist er mit dem Licht der Erde, mit ihrem reinen, erlösten Wesen vereint. Immer auch lebt er seine irdische individuelle Existenz aus diesem Licht.

Das Wesen der inneren Erde ist für den einzelnen Menschen insofern wesentlich, als sie Urbild der Kräfte ist, denen er als den Schatten- und Lichtkräften in seinem Wesen und seiner Biografie begegnet.

Die Erde als ein geistiges und seelisches Wesen ist mit dem Menschen, mit jeder Menschenindividualität vereint. Die Entwicklung des Menschen ist an die Erde gebunden, die ihre Tiefe und Wesenhaftigkeit erst demjenigen Blick offenbart, der erkennend in ihre heiligen Tiefen dringen kann. Die Entwicklung des Menschen gilt immer auch den Schattenwesen, die in den heiligen Hallen der inneren Erde existieren. Er wird bei seiner Entwicklung nicht daran vorbeikommen, auch für ihre Entwicklung zu sorgen.

Der Mensch steht in den Schatten der Wesen der Erde, er steht aber auch in ihrem Licht. Seine Entwicklung ist immer auch ein Dienst an der Verwandlung der Erde. Im Innern der Erde ist ein goldenes Land, man kann es Shamballa nennen, dem dieser sechste Wesensanteil besonders verpflichtet ist. Sein Licht strahlt in die menschliche Seele. Er nimmt dieses Licht wahr, wenn er erlebt, wie das Leuchten seiner Seele dem Leuchten der inneren Erde zugeneigt ist. Ein lichtvoller Faden verbindet seine Seele mit dem Licht der inneren Erde. Dieser Faden ist für seine spirituelle und sonstige Entwicklung ein wichtiges und entscheidendes Maß. Mit ihm kann er seinen Weg finden. Denn in diesem Faden leuchtet das Licht seines eigenen Weges. Er besteht aus bestimmten Stationen oder Toren. Diese leiten, unterrichten und unterstützen ihn auf seinem individuellen Weg der Verwandlung.

*

Mit der Behandlung der Wesensanteile des Menschen, die mit dem Wesen des Inneren Kindes eine Einheit bilden, kommen wir zu einem vorläufigen Ende der Untersuchung. Entziehen sich die dargestellten Inhalte vorerst dem begrifflichen Verständnis, erschließen sie sich umso mehr der meditativen Vertiefung und Verlebendigung. Das ist aber der Weg der Individualisierung der Gedanken. Das Denken sehnt sich danach, ernährt zu werden. Die Meditation ist dazu das Mittel. Dem Denken mangelt oft Fülle und Wärme. Indem man die Gedanken in ihrer Tiefe erfährt, sorgt man für ihre Durchwärmung.

III SIEBEN MEDITATIONEN

Die folgenden sieben Meditationen sind ein Beitrag zum tieferen Verständnis des Wesens des kosmischen Kindes. Sie können dazu dienen, einige im Buch dargestellten Inhalte individuell zu vertiefen. Dazu ist ein möglichst freier Umgang mit ihnen sinnvoll. Die Weise, wie man sich ihnen nähert, kann nur aus den Erfahrungen, die man mit ihnen sammelt, erwachsen.

Wer sich den Meditationen nähert, wird rasch bemerken, dass sie sich dagegen sperren, nur intellektuell aufgenommen zu werden. Bloß denkend an sie heranzutreten, misslingt. Am ehesten wird man ihnen gerecht, wenn man ihnen Zeit lässt, sich langsam in der Seele auszubreiten.

Sie hinterlassen Spuren in der Seele, für die man aufmerksam werden kann. Sie tauchen unter, tauchen wieder auf, vergehen und steigen wieder empor. Sie spielen ein Spiel in der Seele. Indem man für dieses Spiel aufmerksam wird, erwacht man für die bildenden Kräfte, die durch die Meditationen in und an der Seele wirksam sind.

Jede Meditation, auch jede Strophe, jede Zeile, weist der Seele einen bestimmten Weg. Dieser lässt sich als ein lebendiger Nachklang der Meditation, der Strophe oder der Zeile erleben. Aufmerksam zu werden für die seelischen Nachklänge der Worte ist von großem Nutzen. Dadurch nimmt man die Kräfte wahr, die in den jeweiligen Worten veranlagt sind. Das tiefere, das lauschende Lesen beginnt.

Es ist ratsam, diese Wege in kleinere Etappen einzuteilen; manchmal reicht schon eine Zeile, ein Wort.

*

Die Meditationen sind Hinweise auf die unterschiedlichen Dimensionen des kosmischen Kindes. Das Wesen des kosmischen Kindes steht mit dem Menschen und mit der Erde in einem engen Verhältnis. Die lebendige Erde ist der tragende Grund des Menschen. Sie überträgt heilende Kräfte auf ihn (1) und bildet mit ihm eine Einheit (2). Die Herzensimpulse der Menschen haben für das Wesen der Erde eine große Bedeutung (3). Ebenso hat der Umgang des einzelnen Menschen mit seinem kosmischen Kind Einfluss auf das Leben und das Dasein der Erde (4). Dem Menschen wird als dem göttlichen Wesen, das er ist, eine besondere Verantwortung für die Erde übergeben (5). Jeder Mensch kann seine Wahrnehmung dafür schärfen, dass er aus der geistigen Welt mit besonderen Gaben beschenkt wird (6). Als ein göttliches Wesen hat er sich seiner inneren Stimme lauschend zuzuwenden (7).

*

Zwischen den Meditationen bestehen auffällige Zusammenhänge. So lassen sich die Meditationen in einem Sechsstern anordnen, mit der siebenten Meditation in der Mitte. Die Meditationen jedes Dreiecks bilden eine Einheit. Die Meditationen des stehenden Dreiecks (Spruch 1, 3, 5) vermitteln Aspekte, die auf die Aufgaben des Menschen bezüglich der Erde und ihrer Wandlung hinweisen. Die Aufmerksamkeit wird auf die Aufgaben gelenkt, die ihm als einem Wesen der Erde und des Kosmos zugewiesen sind. Die Meditationen des anderen Dreiecks (Spruch 2, 4, 6) folgen einer anderen Seelengeste. Durch sie wird auf das Seelenvermögen der Hingabe hingewiesen. Der Mensch empfängt immer auch die Gaben des Kosmos. Indem er sich dieser Gaben bewusst wird und sein kosmisches Wesen erkennt, kann er auch seine Erdenaufgaben leichter erfüllen.

Ebenfalls bestehen zwischen den gegenüberliegenden Meditationen (1–6, 2–5, 3–4) Beziehungen, die sich dadurch auszeichnen, dass sich die unterschiedlichen Qualitäten der Meditationen ergänzen.

Die Meditationen bilden aber auch eine Entwicklungsreihe, die von der ersten bis zur siebenten führt.

Diese Hinweise auf Gesetzmäßigkeiten der Meditationen sollen die eigene Forschung anregen, sie werden hier deshalb nur angedeutet.

1

Gesundheit
ist die heilige Kraft
des inwendigen Kosmos
der Seele

Stehen zu sich
heißt
stehen zu dem göttlichen Wesen
das jeder Mensch ist
als ein Wesen
des kosmischen Daseins

Schöpfe aus den Quellen des Daseins
in dem deine Seele ruht
wie ein Kind

schöpfe aus dem Licht
das die Sonne der Erde gibt

schöpfe aus den Räumen
der lebendigen Atmosphäre

schöpfe aus den vielfältigen Wassern

und schöpfe aus den Hallen der heiligen Erde

Suche nach den Wesen
die dich in den Elementen
umgeben
umhüllen
tragen

und du wirst empfangen
die Gesundheit
des wesenhaften Daseins

2

Erde du bist so gut
trägst uns
hüllst uns
nährst uns
wandelst uns
Du bist unser innerstes Wesen
die liebevolle Umhüllung unseres Schicksals
in dir leben wir – wachen wir – wirken wir
Unser Sein ist dein Sein
Was du uns gibst
geben wir dir wieder
durch das Suchen unserer Schicksalswege
unserer Liebeskräfte
unserer Lebensentscheidungen
unserer Wandlungsschritte

In den Gefilden deines Wesens
finden wir unser ganzes Wesen
Die Zeit wird kommen
dann werden wir uns in dir
gefunden haben
denn du leuchtest schon
in den Wegen
die wir in Frieden
mit uns und dem Dasein gehen

3

Erde
wir lieben dich
du trägst uns
aus der Finsternis ins Licht
hüllst uns
gibst uns den Frieden
der tief in uns ist
den wir tragen
als unser Herzenslicht

um zu segnen
unserer Hände Arbeit
und den Sinn
der aus allem spricht
aus dem Sein der Weltenharmonien
aus dem Wirken der kosmischen Geister
zur Befreiung
  zur Verwandlung
    zur Erlösung
der Finsternis
im Namen der allgegenwärtigen Gottheit in uns

Ja Erde
ihr Geister des Lebens vereinigt euch
mit unseren Herzensimpulsen
damit wachse das Sein
die Lebenskreise sich einen
und die Himmel die Erde tragen
durch die Kraft
des sprechenden Menschen

Denn im Wort ist die Kraft
die die Welten wieder eint
die Wesen umhüllt
den Sinn erkraftet

4

Erde
du bist
wir stehen auf dir
schlafen in dich hinein
sterben durch dich hindurch
und werden aus dir wieder geboren

Der Kosmos
spricht durch dich
durch deinen Leib
zu uns
zu unseren Seelen
in unserem Geist:

Stehe o Mensch
aus dir
stehe o Mensch
in dir
als das kosmische Kind
das du von Anbeginn bist
der Erde sich hingebend
allen ihren Farben
Stimmungen
Zuständen
um zu lernen
zu wachsen
zu reifen
wie ein Keim
tragend das Licht der Sterne
der Sonnen
der Planeten

im Namen deines Wesens
und der Götter
wandelnd
erhebend
erleuchtend
das göttliche Sein

5

O Mensch
sei dir deiner Aufgaben bewusst
der Verantwortung die du trägst
als ein göttliches Wesen
der Erde Hüter zu sein
ihr Kind und Mutter
zugleich
denn sie stirbt in dir
die dir dein Leben schenkt
um in dir neu zu erstehen

Du führst das Schwert
des Todes und des neuen Lebens
dank deiner Geisteskräfte
Tod und Leben
entscheide
in welchem Sinne du wirkst
in wessen Namen du handelst
aus welcher Kraft du lebst

6

Empfange o Menschenseele
die Gaben der geistigen Welt
die dein Wesen segnen
erfüllen
reifen lassen wollen

Denn alles ist da
was du brauchst
und begehrst
Deine Seele ist reich
begnadet
befähigt
dein Schicksal zu tragen
und das der Erde
wenn du nur bejahst
deines Schicksals Wege

Sie mögen in die Irre führen
aber lass dich nicht täuschen
die Wahrheit ist anders
und das Wissen darum
ruht in dir
als das Licht deiner Seele

Entzünde es
lass nicht nach
es zu entzünden
du wirst schon sehen
was der Lohn ist
unsagbare Gaben

7

Gehe
Du
allein
deine Wege sind dir nicht beschieden
es ist an dir
sie zu wählen
links oder rechts heute oder morgen
folge deiner Stimme
sie tönt
in den Klängen
des Gottes der du bist

Wenn er spricht lausche
gib ihm deine Worte
nimm dich an
in seinem Licht

Zitierte Literatur

Georg Friedrich Daumer: *Kaspar Hauser*; Dornach 1983

Ruth Dinesen/Helmut Müssener: *Briefe der Nelly Sachs*; Frankfurt am Main 1984

Karl Heyer: *Kaspar Hauser und das Schicksal Mitteleuropas*; Basel 1999

Franz Kafka: *Ein Landarzt und andere Drucke zu Lebzeiten*; Frankfurt am Main 2008

Novalis: *Schriften Band 2, Das philosophisch-theoretische Werk*; München Wien 1978

Kate Tempest: *Brand New Ancients/Brandneue Klassiker*; Berlin 2017